Bayerische Weiberwirtschaften

Bayerische Weiberwirtschaften

Refugien für Leib und Seele

33 Wirtinnen und
ihre Lieblingsrezepte

Text Hannelore Fisgus
Fotos Barbara Lutterbeck
und Nann Schiffl-Deiler
Idee, Konzeption und Realisation
Ria Lottermoser

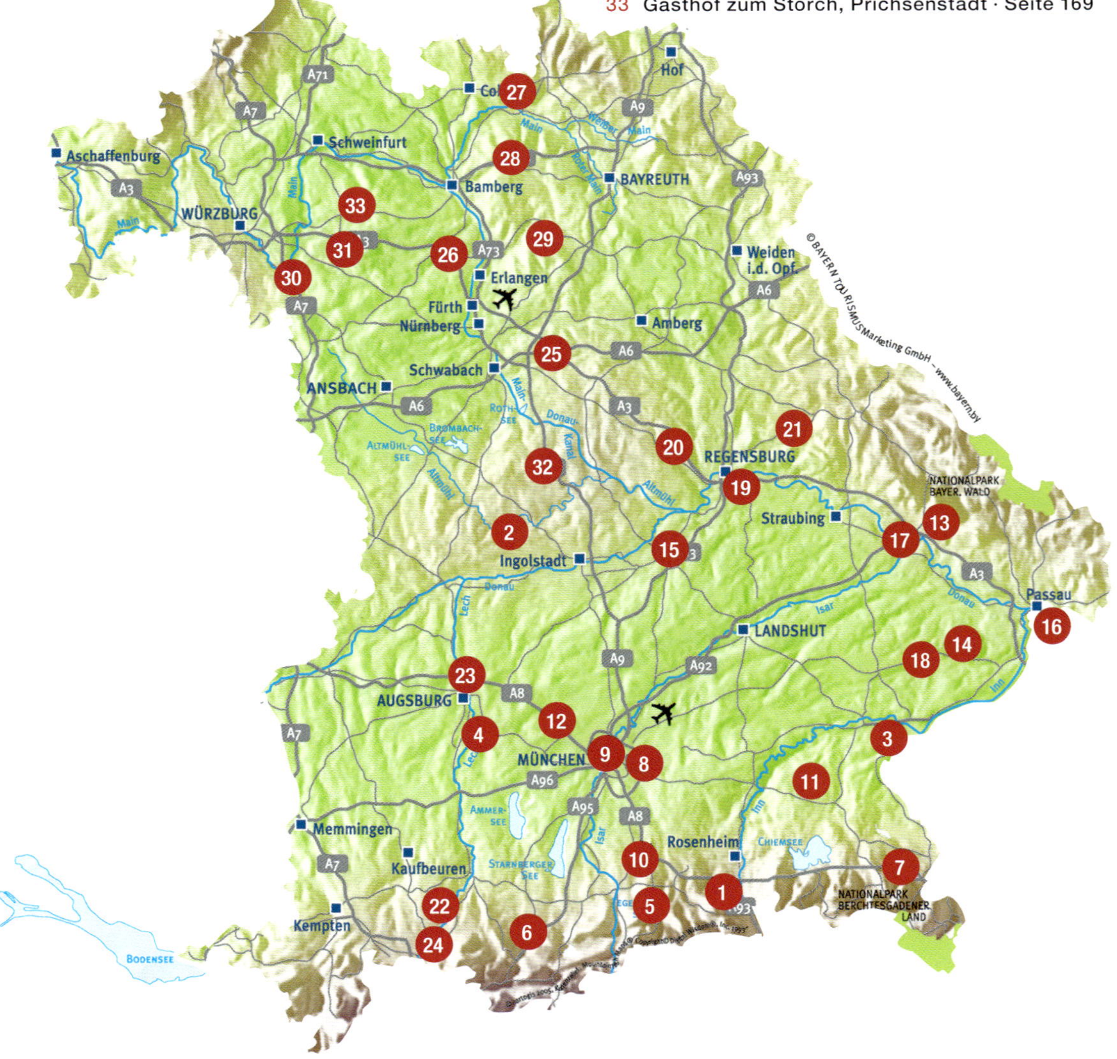
Hof
Aschaffenburg
Schweinfurt
Bamberg
BAYREUTH
WÜRZBURG
Weiden i.d. Opf.
Erlangen
Fürth
Nürnberg
Amberg
Schwabach
ANSBACH
REGENSBURG
Straubing
NATIONALPARK BAYER. WALD
Ingolstadt
Passau
LANDSHUT
AUGSBURG
MÜNCHEN
Memmingen
Kaufbeuren
Rosenheim
Kempten
BODENSEE
CHIEMSEE
AMMERSEE
STARNBERGER SEE
ALTMÜHLSEE
NATIONALPARK BERCHTESGADENER LAND
© BAYERN TOURISMUS Marketing GmbH – www.bayern.by

33-mal Frauenpower

2005 entstand die Idee für dieses Buch. Anstoß war »d'weiberwirtschaft« in Kalsing bei Roding in der Oberpfalz. Drei Generationen, allesamt weiblich, arbeiteten dort in Küche und Gaststube und waren Mittelpunkt, Herz und Seele einer kleinen Dorfgemeinde und weit darüber hinaus. Das war beeindruckend, ja faszinierend.

Wir haben uns anschließend auf die Suche nach weiteren bayerischen Gasthäusern und Restaurants gemacht, wo man in erster Linie gut essen und trinken kann – und wo Frauen das Sagen haben. Und wir wurden fündig. Nicht alle der vielen Adressen konnten wir in die erste Auflage des Buches, die 2009 erschien, aufnehmen. Das Buch entwickelte sich rasch zu einem heimlichen Bestseller, so dass bereits 2011 die zweite, aktualisierte Auflage nötig wurde.

Nun liegt die dritte, aktualisierte und auch erweiterte Auflage der »Bayerischen Weiberwirtschaften« vor. Etwa ein Drittel der Gasthäuser wurden mit Porträts und Rezepten neu aufgenommen. Die »alten« Adressen wurden nach aufwendigen Recherchen inhaltlich auf den neuesten Stand gebracht.

Redaktionsschluss für diese Ausgabe war Juni 2016. Auch wenn alle Informationen, wie sie für ein solches Buch erforderlich sind, verantwortungsbewusst abgefragt und die Texte entsprechend geändert wurden, sei dennoch empfohlen, sich vor dem Besuch der Gaststätten und Restaurants über das Internet zu vergewissern, ob sich die genannten Öffnungszeiten oder Kontaktdaten nicht zwischenzeitlich geändert haben.

Abschließend möchten wir all unseren Leserinnen und Lesern für das Wohlwollen danken, das sie unserer Idee und dem Buch, das Sie nun neu in Händen halten, entgegengebracht haben. Wir teilen mit Ihnen die Freude an diesem Führer durch die weiblich geprägte Gastroszene und hoffen sehr, dazu beitragen zu können, dass jeder Besuch einer bayerischen Weiberwirtschaft Leib und Seele gut tut.

Hannelore Fisgus und Ria Lottermoser

1

Oberbayerisches Kleinod

Anna Armborst
im Gasthaus Waller in Reisach

Adresse
Gasthaus Waller
Urfahrnstraße 10
83080 Oberaudorf-Reisach
Telefon: +49 8033 1473
Fax: +49 8033 979618
E-Mail: info@waller-reisach.de
www.waller-reisach.de

Öffnungszeiten
Täglich 11.00–etwa 22.00 Uhr
Mo und Di Ruhetag

Hinweis
Das Gasthaus ist uneingeschränkt barrierefrei.

Ein Gasthaus wie aus dem Bilderbuch, auf das die Wirtin Anna Armborst stolz sein kann. Hier sind Tradition und Bodenständigkeit daheim. Besonders am Wochenende herrscht Hochbetrieb in der Wirtsstube und im Sommer im gemütlichen Biergarten. Wer es ruhiger mag, kommt während der Woche.

Von der Weide läuten die Kuhglocken herüber, der Turm der Klosterkirche ragt stolz im Hintergrund auf, dem Gast im Biergarten spenden alte Kastanien Schatten und die Stube ist noch genauso wie vor hundert Jahren. Das Gasthaus Waller unweit der Autobahn München–Kufstein ist natürlich längst kein Geheimtipp mehr. »Der Waller ist eine Institution, schon immer gewesen, schon als Student bin ich nach dem Skifahren hier eingekehrt«, erzählt der Ehemann von Wirtin Anna Armborst.

Heute sitzt Johannes Armborst immer noch gerne in der alten holzgetäfelten Stube und unterhält sich mit den Gästen, während Anna zwischen Service und Küche unterwegs ist. Früher hat sie im elterlichen Betrieb bedient, heute ist sie die Chefin und zwar sie ganz allein, das hat sie sich ausbedungen. Denn ein Mannsbild, das »dreinred«, kann sie nicht gebrauchen in ihrem Wirtshaus.

Eine schönere Gaststube als die von Anna Armborst gibt es weit und breit nicht. Wenn das Licht schräg durch die Fenster fällt und auf die alten Bilder und Geweihe neue Bilder malt, wenn die Standuhr sonor die Zeit ansagt und der Bass im Eck ein wenig zittert, dann wünscht man sich die alten Zeiten zurück, als sich die Musikanten beim Waller trafen und aufspielten.

Dabei war der Waller schon immer ein bisserl was Besseres. 1750 wurde er als Gasthaus zum kurz zuvor gegründeten Karmeliterkloster Reisach erbaut. Pilger und Innschiffer machten hier halt. Vor

Seit dem 1. Januar 2005 führt Anna Armborst das Zepter im Traditionsgasthaus Waller.

Die Stube wie vor hundert Jahren? Nicht ganz. Denn nach dem großen Feuer von 1985 wurde das stolze Anwesen originalgetreu wieder aufgebaut – dank der tatkräftigen Mithilfe der Nachbarschaft.

hundert Jahren kaufte der Urgroßvater von Anna Armborst das stattliche Anwesen für einen seiner drei Söhne, von denen jeder vom Vater einen Gasthof bekam. Schon bald verkehrten hier die Herrschaften der drei umliegenden Adelssitze. Um ungestört zu bleiben, schirmte sie ein Paravant gegen den Plebs in der Gaststube ab. So erzählt man sich jedenfalls.

Solange sich Wirtin Anna Armborst erinnern kann, gab es im Gasthof warme Küche. Die gibt es auch heute noch durchgehend, denn vor allem am Wochenende bei schönem Wetter ist richtig was los beim Waller. Dann kommt die Küche kaum nach mit dem Ausgeben von Schweinebraten, Böfflamott, Schnitzeln und Gulaschpfannen oder den Spinatknödeln, Dampfnudeln und Topfenstrudeln. Die Küche beim Waller ist klassisch bayerisch, wobei sie auch viele vegetarische Gerichte bietet, die bei den Gästen sehr beliebt sind. Aus eigener Produktion stammt der Verdauungsschnaps – Obstler oder Zwetschgenwasser. Kultstatus hat, nebenbei bemerkt, das Bier im Waller: das »Boisei«, das Oberaudorfer Weißbier aus der vermutlich kleinsten Brauerei der Welt, von Hand gebraut und abgefüllt in Bügelflaschen mit Porzellanverschluss.

Ausflugstipp: Kloster Reisach

Vom Gasthof aus sind es nur wenige Schritte zur barocken Klosteranlage. Das Karmeliterkloster Urfahrn (seit 1835 Kloster Reisach) ist eine Stiftung des Kurfürstlichen Bräukommissärs Johann Georg von Messerer und wurde nach den Plänen des Münchner Hofbaumeisters Johann Baptist Gunetzrhainer (1692–1763) erbaut. Das wunderbare Hochaltarblatt und die Bilder der vorderen Seitenaltäre schuf der Münchner Hofmaler Balthasar Albrecht. Die übrigen vier Seitenaltäre stammen von Johann Baptist Straub, beim Skapulieraltar hat Ignaz Günther mitgewirkt. An Sonn- und Feiertagen finden Führungen statt. In der Weihnachtszeit kann man hier eine der schönsten Barockkrippen Oberbayerns bewundern.

Spinatknödel

Für 4 Portionen

6 alte Semmeln | 500 g TK-Blattspinat | 100 g geriebener Käse (z. B. Emmentaler) | 50 g Mehl Type 405 | 3 Eier | 1 Zwiebel, fein gehackt | 1 Knoblauchzehe, fein gehackt | 1–2 EL fein gehackte Petersilie | Salz und schwarzer Pfeffer aus der Mühle | frisch geriebene Muskatnuss | 70 g Butter, zerlassen | frisch geriebener Parmesan

■ Die Semmeln in kleine Würfel schneiden. Den Spinat auftauen, klein hacken und mit den Semmelwürfeln, Käse, Mehl, Eiern, Zwiebeln, Knoblauch, Petersilie sowie der Spinatflüssigkeit sorgfältig vermengen. Mit Salz, Pfeffer und Muskat würzen.
■ Aus dem Teig Knödel formen. Reichlich Salzwasser aufkochen lassen und die Knödel bei niedriger Hitze etwa 15–18 Minuten gar ziehen lassen. Mit einem Schaumlöffel herausnehmen und mit der Butter überziehen. Den Parmesan getrennt reichen.

In der Stube wurde früher musiziert und die feinen Herrschaften schossen von hier aus auf eine Schützenscheibe in der Küche. Heute sind die Schützen ins Nebenzimmer umgezogen.

Rote-Bete-Suppe

Für 4 Portionen

500 g Rote Bete | 1 EL Butter | 700 ml Hühnerbrühe | frisch geriebene Muskatnuss | 1 EL Kreuzkümmel | Salz | 2 EL Zucker | 150 g geschlagene Sahne

■ Rote Beten schälen und in der Küchenmaschine fein zerkleinern.
■ Die Butter in einem Topf bei niedriger Hitze zerlassen und die Roten Beten einige Minuten unter Rühren anschwitzen. Die Brühe angießen, mit Muskat, Kreuzkümmel und einer Prise Salz würzen, den Zucker hinzufügen und 10–15 Minuten zugedeckt köcheln lassen. Anschließend mit dem Stabmixer pürieren und nochmals abschmecken. Auf vorgewärmten tiefen Tellern anrichten und mit einem Sahnehäubchen dekorieren.

2

Die Kräuterfee vom Altmühltal

Andrea Beck
im Gasthaus Beckerwirt in Böhmfeld

Adresse
Gasthaus Beckerwirt
Hauptstraße 15
85113 Böhmfeld
Telefon: +49 8406 91242
Fax: +49 8406 91243
E-Mail: info@beckerwirt.de
www.beckerwirt.de

Öffnungszeiten
Di–Fr 17.00–24.00 Uhr
Sa, So und an Feiertagen
11.30–24.00 Uhr
Für Gruppen auf Anfrage auch mittags geöffnet
Küche 11.30–14.00 Uhr und 17.30–21.00 Uhr
Mo Ruhetag

Hinweis
Das Gasthaus ist barrierefrei, die Gästezimmer sind jedoch für Rollstühle nicht geeignet.

Wenn eine Kräuterpädagogin am Herd steht, dann darf man interessante Kreationen erwarten. Andrea Beck versteht es, die Aromen der Natur auf den Teller zu zaubern. Ihre Blüten- und Kräuterspezialitäten überzeugen auch verwöhnte Gaumen.

Der Beckerwirt in Böhmfeld ist ein Dorfwirtshaus mit Tradition. Schon seit 1591 besitzt er das Schankrecht und seit Mitte des 19. Jahrhunderts schenkten die Vorfahren von Andrea Beck hier am Rande des Altmühltals Bier aus. Haupterwerb war jedoch immer die Landwirtschaft. Das galt auch noch, als die heutige Wirtin mit ihren beiden Geschwistern der Mutter zwischen den Beinen herumwuselte, wenn diese am Sonntag für die Gäste aufkochte.

In den 1970er-Jahren fiel das alte Wirtshaus wie viele andere Häuser in Böhmfeld der Abrissbirne zum Opfer. Das Schankrecht ruhte. Erst als die letzte Kuh aus dem Stall verkauft war, beschloss die Familie, doch wieder ins Gastgewerbe einzusteigen. Mit Holz aus dem eigenen Wald wurde der ehemalige Kuhstall zum gemütlich-rustikalen Wirtshaus umgebaut, das auch Platz für Feste und Veranstaltungen bietet. Im Getreidestadel entstanden Gästezimmer und den Betrieb übernahmen die Geschwister Josef, Maria und Andrea Beck.

Weshalb der Beckerwirt trotzdem eine Weiberwirtschaft ist? Ganz einfach, Bruder, Vater und der Ehemann von Andrea Beck konzentrieren sich auf die verbliebene Landwirtschaft. Das Wirtshaus ist allein die Domäne der Frauen. In der Küche waltet Kräuterfee Andrea, unterstützt von Mutter Emmi, und für den Service zeichnet eine Diplomgeografin verantwortlich. Keine alltägliche Ausbildung für eine Servicekraft, aber Maria, die Schwester von Andrea, gefällt der Kontakt mit den Gästen. Beim Beckerwirt keh-

»… natürlich speisen in Böhmfeld«. So heißt das Motto des Beckerwirts. Er ist als Biolandbetrieb zertifiziert.

Nicht nur das ungeschminkte, vertrauenswürdige familiäre Klima gefällt den Gästen im Beckerwirt. Auch das geschmackvolle Ambiente der Räumlichkeiten ist Ausdruck der Lebensart der Wirtsfamilie.

ren längst nicht mehr nur Einheimische und Ingolstädter ein. Auch *Feinschmecker*-Leser haben die feine Kräuterküche von Andrea Beck entdeckt, die in dem Magazin wiederholt gelobt wurde. Kräuter und Altmühltaler Lamm sind die Spezialitäten in dem von Bioland zertifizierten Gasthaus.

In der Küche werden ausschließlich Bioprodukte verwendet. Der Kräutergarten neben dem schattigen Biergarten ist Andreas Hobby, ebenso das Sammeln von Wildkräutern. Zum kalten Braten serviert die Kräuterpädagogin selbst eingelegte Löwenzahnknospen. Selbstgemachtes wie Senf, Marmeladen, Kräutertees und Liköre aus Andreas Schatztruhe nehmen die Gäste gerne als kleines Andenken an ihren Aufenthalt in Böhmfeld mit. Auf den ersten Blick sieht man es ihr vielleicht nicht an, aber Andrea Beck ist im wahrsten Sinn des Wortes eine Powerfrau. Schon 2006 wurde sie als eine der zehn innovativsten Bäuerinnen in Bayern ausgezeichnet. Sie kümmert sich neben ihrem Kräutergarten, Kräuterseminaren, der Gastwirtschaft und dem Hotelbetrieb auch noch um eine Familie mit vier Söhnen. »Das«, sagt sie, »geht allerdings nur, wenn alle mithelfen.«

Im Familienverbund kann sie auch ihre Kreativität ausleben. Sie liebt den Duft und den Geschmack der würzigen Kräuter aus den Magerwiesen des Altmühltals. Die Kräuterspaziergänge mit den Gästen sind Erholung für die Beckerwirtin. Gerne gibt sie ihr umfangreiches Wissen weiter und begeistert die Teilnehmerinnen bei den anschließenden Kochkursen auch mit ihrer kulinarischen Kreativität, die sich inzwischen nicht mehr nur auf das Wissen um Wildblüten und -kräuter beschränkt.

Ausflugstipp

Erst vor kurzer Zeit hat man in Böhmfeld den ersten Bayerischen Kräuterweg mit Schautafeln eingerichtet. Im Verlauf eines Spaziergangs lernt man alles über Heilkräuter, Kräuter mit Zaubermächten, mediterrane Kräuter sowie Hecken und Gehölze. Man kann zwischen einer sechs Kilometer und einer eineinhalb Kilometer langen Route wählen.

Lammpastete mit Feta

Für 4 Portionen

400 g frischer Spinat | 1 große Zwiebel | 1 Knoblauchzehe | 1–2 EL natives Raps- oder Olivenöl | 300 g Lammhackfleisch | Salz und schwarzer Pfeffer aus der Mühle | 200 g Feta | 3 Eier | 125 g Sahne | 30 g Butter | 1 Packung Filoteig | 3 EL Schwarzkümmel

- Den Backofen auf 180 °C Umluft vorheizen.
- Den Spinat putzen, verlesen und sorgfältig waschen. Kurz in kochendem Salzwasser blanchieren, ausdrücken und fein hacken.
- Die Zwiebel und die Knoblauchzehe schälen und fein hacken.
- Das Raps- oder Olivenöl in einer großen Pfanne erhitzen und die Zwiebeln sowie den Knoblauch goldgelb anschwitzen. Das Lammhackfleisch und den Spinat hinzufügen und mit Salz und Pfeffer würzen. Etwa 10 Minuten schmoren. Anschließend zum Abkühlen beiseitestellen.
- In der Zwischenzeit den Feta in Würfel schneiden. Die Eier und die Sahne miteinander verquirlen, den Feta zufügen und mit der Fleisch-Gemüse-Masse vermengen.
- Ein Backblech mit der Hälfte der Butter ausstreichen und mit der Hälfte der Teigplatten auslegen. Die Füllung darüber verteilen.
- Die restlichen Teigplatten in die gewünschte Portionsgröße schneiden, auf die Füllung legen und mit der restlichen, zerlassenen Butter bestreichen. Mit dem Schwarzkümmel bestreuen. Im heißen Ofen 35 Minuten backen.
- Die Pastete anschließend in Stücke schneiden und auf vorgewärmten Tellern anrichten. Mit einem grünen Salat servieren.

Blüten schmücken bei Andrea Beck nicht nur den Tisch. Sie sind auch Krönung von Salaten und Kräuterwasser.

Risotto mit Lammhack

Für 4 Portionen

1 große Zwiebel | 1 Knoblauchzehe | 3 EL natives Rapsöl | 300 g Lammhackfleisch | Salz und geschroteter schwarzer Pfeffer | Rosmarin, Thymian und Salbei | 250 g Grünkern | 250 g Vollkornreis | 150 ml Weißwein | Tabasco | 125 g Sahne | 1 Bund Bärlauch | 5 mittelgroße Tomaten | 50 g frisch gehobelter Parmesan

Andrea Beck war eine der ersten Kräuterpädagoginnen in Bayern. Vielen ist ihr meisterhafter Umgang mit Wildkräutern ein Vorbild.

- Die Zwiebel und die Knoblauchzehe schälen und fein hacken.
- Das Öl in einer Pfanne erhitzen und die Zwiebeln sowie den Knoblauch glasig anschwitzen. Das Fleisch hinzufügen und mit Salz und Pfeffer sowie den Kräutern würzen.
- Grünkern und Vollkornreis dazugeben und 5 Minuten unter stetigem Rühren braten. Mit 125 ml Weißwein ablöschen und einkochen lassen. Nach und nach 500 ml heißes Wasser dazugeben und ununterbrochen rühren, bis der Reis weich ist. Mit einem Spritzer Tabasco würzen. Die Sahne und den restlichen Weißwein unterrühren.
- Zum Schluss den Bärlauch waschen und trocken schütteln. Die Blätter hacken und unter den Risotto heben. Die Tomaten häuten, entkernen und in kleine Würfel schneiden.
- Den Risotto auf vorgewärmten Tellern anrichten und mit den Tomaten und Parmesanspänen garnieren.

Tipp: Kräuter erfreuen den Gaumen und sind der Gesundheit dienlich. Die mediterranen Kräuter wie Thymian, Rosmarin und Salbei zeichnen sich durch ein ausgeprägtes Aroma aus und haben daher eine besondere Würzkraft. In der Naturmedizin werden sie bei grippalen Infekten eingesetzt, Rosmarin auch bei niedrigem Blutdruck. In der Küche sollte man im Sommer nach Möglichkeit frische Kräuter verwenden. Getrocknete Kräuter besitzen mehr Würzkraft, daher die Menge etwas reduzieren.

Spätsommerlicher Wildkräutersalat

Grundzutat sind gemischte Blattsalate wie Kopfsalat, Endiviensalat, Rucola, Eichblatt und Radicchio. Von den Wildkräutern verwendet Andrea Beck immer nur die jungen zarten Blättchen, zum Beispiel von Löwenzahn und Hirtentäschel, aber auch Gänseblümchenblätter und -blüten, Spitzwegerichblätter und -blütenknospen, Rotkleeblüten und -blättchen und Blütendolden der wilden Möhre sowie wilde Malvenblüten. Man rechnet pro Person eine Handvoll.

Himbeervinaigrette: 100 ml aufgekochter Aceto balsamico | 2 EL brauner Zucker | 1 gehäufter EL Himbeerkonfitüre | 1 Msp Salz | 3 Spritzer Tabasco | 3 EL natives Rapsöl

- Die Salatblätter auf einer großen Servierplatte auslegen. Die abgekühlte Vinaigrette darüberträufeln.
- Andrea Beck serviert dazu »Schwarzbrotkonfekt«, kleine knusprige Roggenbrötchen mit Fenchel-Anis-Kümmel-Gewürz.

Zwetschgenbrandy-Parfait

5 Eier, getrennt | 200 g brauner Zucker | 1 Vanilleschote | 50 ml Milch | 500 g Zwetschgenkompott, fertig gekocht und abgekühlt | 500 g Schlagsahne | 4 cl Zwetschgenbrandy

- Die Eigelbe mit 100 g braunem Zucker, dem ausgekratzten Mark der Vanilleschote und der Milch im Wasserbad erhitzen und schaumig schlagen, bis sich der Zucker ganz gelöst hat.
- Auf Eiswürfeln abkühlen und in einer gefrierfesten Schüssel mit dem Zwetschgenkompott verrühren. Für 2 Stunden in den Gefrierschrank stellen, dabei die Masse immer wieder rühren.
- Die Sahne steif schlagen. Das Eiweiß mit dem restlichen Zucker cremig schlagen und mit der Sahne und dem Zwetschgenbrandy vorsichtig unter die angefrorene Zwetschgenmasse heben.
- In eine geeiste Form oder in Förmchen (oder auch Mokka-/Kaffeetassen) füllen und im Gefrierschrank weitergefrieren.
- Das Parfait zusammen mit frischen entsteinten Zwetschgen, einer Schokosauce, Krokant und Zwetschgenblättern anrichten.

Bei Andrea Beck werden die Aromen der Natur zum besonderen kulinarischen Genuss.

Kloster-Gasthof

3

Rast für Leib und Seele

Christine Christ
im Klostergasthof Raitenhaslach

Adresse
Klostergasthof Raitenhaslach
Raitenhaslach 9
84489 Burghausen
Telefon: +49 8677 9650
Fax: +49 8677 955666
E-Mail: info@altstadthotels.net
www.altstadthotels.net

Öffnungszeiten
Täglich 11.00–23.00 Uhr

Hinweis
Der Klostergasthof ist nicht barrierefrei. Es gibt jedoch für Rollstuhlfahrer eine mobile Rampe, damit die Gäste problemlos in die Gaststuben gelangen können. Ein behindertengerechtes WC ist vorhanden.

Es war ihr Traum, in diesem altehrwürdigen Gemäuer Wirtin sein zu dürfen. Die Hotelierstochter aus Burghausen hat dem Klostergasthof wieder eine Seele gegeben und den Gästen gediegene bayerische Gastlichkeit.

Raitenhaslach ist das älteste Zisterzienserkloster Oberbayerns. Bereits im 12. Jahrhundert hatten sich Mönche vom Bodensee in den waldreichen Auen des Inn südlich von Burghausen niedergelassen und das Kloster zu wirtschaftlicher und kultureller Blüte geführt. Wie aus einem Dornröschenschlaf wurde es 2004 wieder erweckt. Die Stadt Burghausen erwarb die Anlage, die vorher über 200 Jahre in Privatbesitz war, und die gelernte Betriebswirtin Christine Christ kaufte, unterstützt von Bruder und Schwester, den alten Klostergasthof, der seinerzeit infolge vieler Pächterwechsel arg gebeutelt war.

Heute hat das Gasthaus wieder einen hervorragenden Ruf. Es ist im ehemaligen Holzlager des Klosters untergebracht. In den uralten Gewölben speisen die Gäste an langen Tafeln unter wagenradgroßen Leuchtern. Die Wände sind mit dunklem Holz getäfelt, ein zimmerhoher Kachelofen und wertvolle Antiquitäten schaffen eine besondere Atmosphäre. Und wer sich in den großen, komfortablen Gästezimmern einmieten möchte, schläft in klösterlicher Stille besonders gut.

Um der barocken Welt auch kulinarisch zu entsprechen, forschte Christine Christ gemeinsam mit ihrem Küchenchef in alten Kochbüchern. Im »Salzburgischen Kochbuch« von Konrad Ecker (1719) stöberte sie auch einige, für heutige Gaumen recht ungewöhnliche Rezepte auf für »Biber, Otter, Schildkröten, Krebs, Frosch und Schnecken«. Diese Tiere durften die Mönche auch an

Im schönen Biergarten unter weiß-blauem Himmel und uralten Kastanienbäumen schmeckt das frisch gezapfte Bier besonders gut.

Ob kleine Gesellschaft oder Feier in großem Rahmen: Der Klostergasthof Raitenhaslach bietet Räumlichkeiten für jeden Anlass: Bräustube, Jägereck, Bayernstüberl oder den großen Raitenhaslacher Saal.

Fastentagen essen, galten sie doch als Fische. »Aber keine Angst«, sagt die Klosterwirtin lachend, »die haben wir nicht auf der Karte.« Im Allgemeinen serviert man heute im Klostergasthof bürgerlich-bayerische Küche. Im wunderschönen Biergarten, unter schattigen Kastanienbäumen, gibt es Extraschmankerl: vom warmen Leberkäs über Kartoffelkäs bis zum hausgemachten Obatzt'n mit Riesenbreze und Essigknödel. Und wie es sich für einen echten bayerischen Biergarten gehört, darf die Brotzeit auch selbst mitgebracht werden. Leider ist die Klosterbrauerei schon seit Jahren geschlossen, aber Bier fließt trotzdem – nach einem alten Raitenhaslacher Rezept wird es im Hofbräuhaus Traunstein für den Klostergasthof gebraut.

Wein schenkt Christine Christ wie schon zu Zeiten der Klosterbrüder u. a. von den ehemaligen Weingütern der Zisterzienser in Weinziel bei Krems aus. Dieser Wein eignet sich auch hervorragend als Hochzeitswein, denn Hochzeiten »ausrichten«, gesteht die geschäftstüchtige Wirtin, selbst verheiratet und Mutter von vier Kindern, sei eine ihrer Lieblingsbeschäftigungen. Und wo könnte man stilvoller und romantischer heiraten als in der prächtigen Rokokokirche von Raitenhaslach! Für das leibliche Wohl sorgt das Team vom Klostergasthof und bestens ausgestattete Zimmer eignen sich hervorragend für die Hochzeitsnacht.

Ausflugstipp

Das Kloster ist der Ausflug. Lohnenswert ist vor allem der Besuch der Klosterkirche mit ihrer einzigartigen Rokokopracht. Empfehlenswert ist auch ein Spaziergang durch die weitläufige Klosteranlage, hoch über der Salzach gelegen, vorbei an den Fischweihern zum alten Wasserturm. Im Abteistöckl hat der rührige Burghausener Bürgermeister einen Raum für wechselnde Ausstellungen geschaffen. Auch der Prälatenstock kann besichtigt werden, allerdings nur mit Voranmeldung und nicht täglich.

Gefüllte Ente

Für 4 Portionen

1 Bauernente (etwa 2,6 kg), küchenfertig, mit Innereien | 3 Semmeln vom Vortag, klein gewürfelt | 1 Apfel | 2 Zwiebeln | 1 EL Pflanzenöl | 1 Bund glatte Petersilie | Salz und schwarzer Pfeffer aus der Mühle | getrockneter Beifuß | 250 ml Milch | 3 Eier | Paprika edelsüß

■ Den Backofen auf 250 °C vorheizen.

■ Die Ente innen und außen waschen, anschließend bis zur Verarbeitung in ein feuchtes Tuch einschlagen.

■ Für die Füllung Leber und Herz in kleine Stücke schneiden. Die gewürfelten Semmeln in eine Schüssel geben. Den Apfel schälen und das Kerngehäuse entfernen. Das Fruchtfleisch in kleine Würfel schneiden und zu den Semmelwürfeln geben.

■ Eine der beiden Zwiebeln schälen, sehr fein hacken und in einer Pfanne im heißen Öl glasig anschwitzen. Die Petersilie abspülen und trocken schütteln, die Blätter von den Stängeln zupfen und fein hacken. Alles über die Semmelwürfel geben und mit Salz, Pfeffer und Beifuß würzen. Leber und Herz dazugeben. Die Milch erhitzen, zusammen mit den verquirlten Eiern mit der Füllung vermengen.

■ Nun die Ente trocken tupfen, innen mit wenig Salz und Pfeffer würzen und die Füllung in die Bauchhöhle geben. Die Entenschenkel nach hinten strecken und mit Küchengarn zusammenbinden. Die Ente ebenfalls mit Küchengarn zunähen. Gleichmäßig mit Salz, Pfeffer und Paprika einreiben.

Die Ente sollte während der Zeit, bis sie ins Rohr kommt, feucht gehalten werden, denn nur dann, so sagt die Wirtin, wird die Haut so richtig knusprig. Als Beilagen werden Apfelblaukraut und Kartoffelknödel serviert.
Die Küche des Klostergasthofs wurde beim Wettbewerb »Bayerische Küche« bereits mehrfach ausgezeichnet.

■ Die zweite Zwiebel mit der Schale in grobe Würfel schneiden und mit dem Entenhals und dem Magen in eine Bratreine geben. Darauf ein Gitter legen und die Ente mit der Brust nach oben darauflegen. Im heißen Ofen anbraten, dann die Hitze auf 200 °C reduzieren und circa 1½ Stunden garen. Dabei ab und zu mit etwas Wasser begießen.

■ Die Ente vom Gitter nehmen, den Bratensatz mit ein wenig Wasser vom Boden der Reine lösen und die Flüssigkeit sämig einkochen lassen. Die Sauce durch ein Sieb streichen und das ausgetretene Fett abtupfen. Die Entenbrüste und -keulen auf vorgewärmten Tellern anrichten und die Sauce angießen.

4

Bayerisches aus der Tafernwirtschaft

Viktoria Eberl-Stefan
im Gasthof Eberl in Hattenhofen

Adresse
Hotel Gasthof und
Metzgerei Eberl
Hauptstraße 8
82285 Hattenhofen
Telefon: +49 8145 995700
Fax: +49 8145 9957060
E-Mail:
briefkasten@gasthof-eberl.de
www.eberl-hattenhofen.de

Öffnungszeiten
Mo und Di 17.00–23.00 Uhr
Mi bis Sa 9.30–24.00 Uhr
So 9.00–15.00 Uhr

Hinweis
Der Gasthof ist bedingt barrierefrei.

Die junge Wirtin weiß, was sie will. Mit viel Elan hegt und pflegt sie die Familientradition: unverfälschte bayerische Küche. Gemeinsam mit ihrer Schwester Christine Hattensperger, die nebenan die Metzgerei leitet, sind die beiden ein unschlagbares Team.

Eine Tafernwirtschaft ist keine Taverne, auch wenn der Name es vielleicht vermuten lässt. Nach altem Landesrecht durften in einer Tafernwirtschaft Wein und Bier ausgeschenkt werden, Tafernwirte hatten das Privileg, ihre Gäste zu verköstigen und zu beherbergen und außerdem sämtliche Feiern und Feste der Dorfgemeinschaft auszurichten. Seit 1571 ist die Traditionsgaststätte in Hattenhofen, auf halbem Weg zwischen München und Augsburg, eine Tafernwirtschaft, seit altersher gut besucht, liegt sie doch verkehrsgünstig an der B2, die früher die alte Salzstraße war.

Das dicke Mauerwerk des Gasthofes ist über 250 Jahre alt. 1910 kaufte der Urgroßvater der Schwestern das Anwesen mitsamt Landwirtschaft und seither sind die Eberls die Herren bzw. die Herrinnen im Gasthaus und in der dazugehörigen Metzgerei, inzwischen schon in der vierten Generation. Küchenchefin ist seit 2007 Viktoria und ihre Schwester Christine kümmert sich um die blitzsaubere Metzgerei.

Die beiden Betriebe sind wahre Magneten für den gesamten Umkreis. Sogar aus Augsburg und München nimmt die Kundschaft den Weg auf sich für frische Würste und für Fleisch von Rindern der Bauern in der Nachbarschaft sowie Putenfleisch aus Freilandhaltung. Metzgereigasthöfe wie der von Viktoria Eberl-Stefan sind seit jeher ein Dorado fleischlicher Genüsse, kommen doch Kesselfleisch und Weißwurst, Blut- und Leberwürste, Innereien und andere

Zwei Schwestern, die ihr Handwerk beherrschen: die Wirtin des Gasthofs Viktoria Eberl-Stefan (auf der linken Seite links) und Schwester Christine, die für die Metzgerei verantwortlich ist.

Im Jahre 2009 wurde das über 500 Jahre alte Haus grundlegend renoviert. Dabei wurde viel Wert darauf gelegt, seinen Charakter zu bewahren. Seit diesem Zeitpunkt verfügt das mit drei Sternen klassifizierte Hotel auch über 30 Zimmer.

Köstlichkeiten nirgendwo frischer auf den Tisch. Aber auch Vegetarier müssen nicht darben, genauso wenig wie Fischliebhaber. Forellen, Karpfen und Saiblinge werden aus der nahen Fischzucht in Epfenhausen bezogen, denn Regionalität und Frische spielen in der Küche von Viktoria Eberl-Stefan eine große Rolle.

Trotz oder gerade wegen ihrer vielen Auszeichnungen ist sie bodenständig geblieben und hält die alten Hausrezepte der Familie in Ehren. Auch der Tradition, dass jeder Wochentag seine Spezialität hat, bleibt sie treu: Mittwoch ist Schlachtschüsseltag, donnerstags gibt es die legendären Dampf- und Rohrnudeln, am Freitag Fisch und am Samstag ist Schnitzeltag. Der Sonntag gehört Omas Sonntagsbraten. Das heißt aber nicht, dass die Köchin nicht auch mal Gas geben und zu entsprechendem Anlass groß aufkochen kann. Ihre Gourmetmenüs sind inzwischen sehr gefragt.

Die Gaststube beim Eberl mit ihren blanken Holztischen, gemütlichen Eckbänken und dem Kachelofen, der im Winter wohlige Wärme verbreitet, passt perfekt zur Küche: solide und sympathisch. Mit dem Umbau der Gaststube vor ein paar Jahren haben die Eberls auch gleich noch die lange ungenutzte Scheune ausgebaut: zu einem Drei-Sterne-Hotel. So kommt es, dass heute neben den Einheimischen am Stammtisch manchmal auch Hamburger oder Sachsen in der Gaststube sitzen. Das trägt zur Vielfalt bei und wohl fühlen sich hier alle.

Ausflugstipp Kloster Fürstenfeld

Das ehemalige Zisterzienserkloster bei Fürstenfeldbruck ist ein beeindruckendes Ensemble. Um 1700 begann man mit dem Bau der Kirche. Hofbaumeister Giovanni Antonio Viscardi verwirklichte hier die Vorstellungen des Kurfürsten Max Emanuel von einem bayerischen Escorial.

Die Klostergebäude werden heute teilweise als Veranstaltungsforum genutzt und sind ebenfalls einen Besuch wert. Information über www.kloster-fuerstenfeld.de

Eberls Dampfnudeln

Dampfnudeln sind eines der Lieblingsessen aus Großmutters Küche. Ihre Heimat ist Süddeutschland. Dort gehören sie als süße Mehlspeise, zu der üblicherweise Vanillesauce gereicht wird, auf die Speisekarte vieler traditioneller Gasthöfe.
Bevor man mit der Zubereitung der Nudeln beginnt, sollte man sich einen schönen warmen Platz in der Küche suchen. Das ist wichtig, damit diese Köstlichkeit auch wirklich gelingt.

Für 12 Stück
Für den Teig: 250 ml Milch | 20 g frische Hefe | 50 g Zucker | 500 g Dinkelmehl | abgeriebene Schale von 1 Biozitrone | 2 Eier | Salz
Außerdem: 200 g Butterschmalz

Die Dampfnudeln (ganz oben) sind im wahrsten Sinn des Wortes ein Gedicht: leicht und locker, wie man sie sonst selten bekommt. Das Rindfleisch aus der eigenen Metzgerei hat Naturlandqualität.

■ Für den Vorteig die Milch langsam erwärmen, die zerbröckelte Hefe darin auflösen und den Zucker sowie 1 Esslöffel Mehl hinzufügen. Diesen Vorteig, in Bayern auch »Doagerl« oder »Dämpferl« genannt, 20 Minuten gehen lassen.
■ Anschließend aus dem Vorteig, dem restlichen Mehl, dem Zitronenabrieb, den verquirlten Eiern und einer Prise Salz einen glatten, elastischen Teig herstellen.
■ Den Hefeteig etwa 30 Minuten zugedeckt gehen lassen, sanft kneten (die Bayern sagen »einschlagen«) und nochmals gehen lassen, bis sich das Volumen verdoppelt hat. Den Teig in zwölf Portionen teilen und dann zu kleinen Kugeln formen.
■ Einen großen niedrigen Topf (am besten aus Gusseisen) mit einem Durchmesser von etwa 30 cm mit 250 ml Wasser füllen, das Butterschmalz darin erwärmen und vom Herd nehmen. Die Teigkugeln eng nebeneinander in den Topf setzen und den Deckel auflegen.
■ Die Herdplatte auf höchste Stufe erhitzen. Den Topf daraufstellen und die Dampfnudeln etwa 5 Minuten kochen. Der Deckel darf während des Kochens nicht geöffnet werden, da sonst die Nudeln in sich zusammenfallen.
■ Die Hitze nun auf die niedrigste Stufe reduzieren. Nach etwa 15 Minuten sollten die Nudeln zu »singen« beginnen. Das Singen bedeutet, sie brutzeln, damit sie ihr »Rammerl«, ihre Kruste, bekommen. Die Gesamtgarzeit beträgt 20–25 Minuten.

Bayern
Qualität
Spargel
Garantie

5

Genuss im Isarwinkel

Barbara Hipp
im Schweizer Wirt in Lenggries

Adresse
Die Schweizer Wirtin
Schlegldorf 83
83661 Lenggries
Telefon: + 49 8042 8902
Fax: +49 8042 3483
E-Mail: info@schweizer-wirt.de
www.schweizer-wirt.de

Öffnungszeiten
Mi–So ab 11.00 Uhr
Mo und Di Ruhetag (außer an Feiertagen)

Hinweis
Das Haus ist bedingt barrierefrei (kleine Türschwellen).

Eigentlich müsste das Gasthaus längst offiziell zur »Schweizer Wirtin« umbenannt sein. Denn hier steht die Chefin persönlich am Herd. Allerdings gibt es keine Rösti und kein Raclette, sondern gehobene bayerische Küche mit vielen Anklängen an das Nachbarland Österreich.

Der Name Schweizer Wirt ist ungewöhnlich in einer Gegend, in der doch die meisten Wirtshäuser Ober- oder Unterwirt heißen. Der ursprüngliche Name der ehemaligen Bauernwirtschaft war denn auch »Der Schweizerbauer bei Tölz«. Der Überlieferung zufolge soll er auf eine Begebenheit im 30-jährigen Krieg zurückgehen. Damals hatten die Schweden aus dem kurfürstlichen Hofstall in Schleißheim 40 Schweizer Kühe entwendet, die ihnen von Tölzer Bauern in Kirchbichl wieder abgejagt wurden – womöglich auf der Anhöhe über dem Isartal, auf der heute das Gasthaus steht. Dass es auch einmal Poststation war, daran erinnert der Postkasten am Eingang.

Das Haus hatte also schon eine lange Tradition, als es Barbara Hipp mit ihrem Mann, einem gebürtigen Österreicher, 1983 übernahm. Nach und nach entwickelte sich die ehemalige Bauernwirtschaft unter ihrer Führung zu einem Geheimtipp für Genießer. Schon in den 1990er-Jahren kamen die Gäste aus Bad Tölz und München angereist. Denn was Barbara Hipp am Herd zauberte, überzeugte auch anspruchsvolle Gaumen. Ihr Mann kümmerte sich um den Service und die Getränke. Heute führt die gebürtige Jachenauerin das Gasthaus mit einem starken Frauenteam und weiblicher Gastlichkeit.

In der gemütlichen Bauernstube mit Holzvertäfelung speist es sich hervorragend. Die Tische sind mit weißem Tuch und Stoffservietten eingedeckt und was auf den Tisch kommt, ist ebenso schnörkellos, jedoch von ausgezeichneter Qualität. Schon früh hat man beim Schweizer Wirt auf regionale Produkte gesetzt und

Das Gasthaus strahlt auch von Außen gediegene bayerische Gemütlichkeit aus. Typisch ist auch die Hausbank, die Bank vor dem Haus, die zu jedem bayerischen Bauernhaus gehört.

einheimische Bauern unterstützt. So bezieht Barbara Hipp ihr Wild von heimischen Jägern, den Fisch aus der nahe gelegenen Zucht und das Rind vom Biobauern in der Nachbarschaft. Zwiebelrostbraten, Kalbstafelspitz und Nachspeisen wie Marillenpalatschinken oder Topfenschmarrn sind nur einige Beispiele für die österreichischen Vorlieben der Köchin, deren Spezialität aber auch Wildgerichte mit gehaltvollen Saucen sind. Auch selbst gemachte Pasteten und Terrinen findet man immer wieder auf der Speisekarte. Natürlich gehört auch die selbst eingekochte Marillenmarmelade zur Tradition des Hauses, mit original Wachauer Marillen, versteht sich.

Der Blick reicht bei schönem Wetter weit in die Lenggrieser Berge. Dort bieten sich viele Wanderungen an. Bei der anschließenden Einkehr in die gemütliche Stube schmeckt das Essen nochmal so gut.

Barbara Hipp ist keine Frau der großen Worte und der Platz hinter den Kulissen, in der Küche, war ihr immer schon der liebste. Dort konnte sie sich entfalten, beflügelt von der Aufbruchstimmung, die in den 1980er-Jahren in die deutschen Küchen einzog. Stolz erzählt sie, dass auch eines ihrer großen Vorbilder, Jahrhundertkoch Eckart Witzigmann, schon zu Gast war.

Was die Getränkekarte anbelangt, so steht auch hier ganz klar ihre Vorliebe für das Nachbarland Österreich im Vordergrund. Und wenn es zur Verdauung ein Schnapserl sein darf, bitte sehr, die Obstbrände stammen aus der Hausbrennerei von Hansi Wörner, dem Eigentümer des Gasthauses, das Barbara Hipp gepachtet hat.

Ein Obstbrand oder ein kühles Bier tut auch so manchem Wanderer und Radler gut, der hier im Sommer im schattigen Biergarten einkehrt und dort auch einfachere Gerichte und Brotzeiten vorfindet.

Frische Kräuter sind auch für Barbara Hipp das A und O ihrer schmackhaften Küche. Einige zieht sie aus Samen. Die meisten pflanzt sie nach den letzten Nachtfrösten etwa Mitte Mai.

Ausflugstipp

Das Brauneck, das ist der Hausberg von Lenggries, bietet Wanderern vielfältigste Möglichkeiten. Ein Tipp für Genießer ist mit Sicherheit ein Ausflug zur Stie-Alm. Hier verarbeitet Stefan Obermüller im Sommer die Milch der Kühe zu würzigem Almkäse. Der schmeckt hervorragend auf der herrlichen Sonnenterrasse der Hütte, kann aber auch mit ins Tal genommen werden.

Die Stie-Alm erreicht man bequem in 30 Minuten von der Bergstation der Brauneckbahn aus. Es gibt verschiedene Abstiegsmöglichkeiten ins Tal, aber auch mit der Bergbahn gelangt man sicher wieder hinunter.

Geschmorte Ochsenschulter auf Gemüse mit Topfenserviettenknödel

Für 4 Portionen

Für das Fleisch: 1 flache Ochsenschulter (etwa 1,5 kg) | 2–3 EL Rapsöl | 1 große Zwiebel | 1 EL Butter | 3 Lorbeerblätter | 1 Thymianzweig | 6 Wacholderbeeren | 1 EL Tomatenmark | 125 ml Portwein | 125 ml Madeira | 2 l Kalbsjus | Speisestärke

Für die Knödel: 800 g Toastbrot | 600 ml Milch | 2 EL Crème fraîche | 500 g Topfen | 4 Eier, getrennt | Salz und schwarzer Pfeffer aus der Mühle | frisch geriebene Muskatnuss

Für das Gemüse: 6 Karotten | ½ Sellerieknolle | 10 Schalotten | Salz und schwarzer Pfeffer aus der Mühle | 2 Lorbeerblätter | 3 Wacholderbeeren | 1 Thymianzweig | Weißwein | 50 g Butter | 1 l Rinderbrühe

■ Zuerst die Ochsenschulter parieren. Das Rapsöl in einem Bräter erhitzen und das Fleisch rundum anbraten. Aus dem Topf nehmen.

■ Die Zwiebel schälen und fein hacken. Die Butter in den Bräter geben, zerlassen und die Zwiebeln glasig anschwitzen. Lorbeerblätter, den Thymianzweig, Wacholderbeeren und das Tomatenmark hinzufügen und rösten. Mit Portwein und Madeira ablöschen und die Flüssigkeit einkochen lassen. Mit Kalbsjus auffüllen und das Fleisch einlegen. Bei niedriger Hitze etwa 3 Stunden garen.

Schmorgerichte sind eine Spezialität der Schweizer Wirtin. Das langsam gegarte Fleisch zergeht fast auf der Zunge. Der Serviettenknödel ist eine Reminiszenz an die böhmische Küche.

- Für die Knödel das Toastbrot in Würfel schneiden. Milch, Crème fraîche, Topfen, Eigelbe und die Gewürze verrühren und über die Toastbrotwürfel geben. Das Eiweiß zu Schnee schlagen und unterziehen.
- Die Masse zu Rollen formen und nacheinander in Klarsichtfolie und Alufolie einpacken. Reichlich Salzwasser zum Kochen bringen und die Rollen einlegen. Die Hitze reduzieren und die Rollen etwa 30 Minuten in siedendem Wasser ziehen lassen.
- Für das Gemüse den Backofen auf 160 °C vorheizen.
- Karotten, Sellerie und Schalotten schälen. Die Karotten und den Sellerie in Stifte schneiden. Die Schalotten halbieren.
- Das Gemüse auf ein tiefes Blech geben und mit Salz und Pfeffer würzen. Die Lorbeerblätter, Wacholderbeeren, den Thymianzweig, einen Schuss Weißwein, die Butter und die Rinderbrühe hinzufügen. Das Ganze mit Alufolie abdecken und das Blech in den heißen Ofen schieben. Etwa 1 Stunde garen.
- Das Fleisch aus dem Sud nehmen. Die Sauce nochmals mit Salz und Pfeffer abschmecken, ggf. mit Speisestärke binden. Das Fleisch in Scheiben schneiden.
- Das Gemüse auf dem Teller anrichten, darauf die Fleischscheiben. Daneben einige Scheiben des Serviettenknödels legen.

Topfenschmarrn

Für 4 Portionen

Abgeriebene Schale von 1 Biozitrone | 120 g Zucker | Rum | 4 Eier | 130 g Topfen | 2 Eiweiß | Salz | 80 g Mehl Type 405 | Butter

- Den Zitronenabrieb mit der Hälfte des Zuckers, einem Spritzer Rum, 2 Eiern, den Eigelben der restlichen ganzen Eier und dem Topfen verrühren.
- Die verbliebenen 4 Eiweiß mit dem restlichen Zucker und einer Prise Salz zu Schnee schlagen und unter die Topfenmasse ziehen. Das Mehl unterheben.
- Den Backofen auf 170 °C vorheizen.
- Ein wenig Butter in einer ofenfesten Pfanne zerlassen und die Topfenmasse darin kurz anbraten. Die Pfanne in den heißen Ofen schieben. Sobald der Schmarrn etwas Farbe genommen hat, umdrehen und fertig backen. Die Pfanne mit dem Schmarrn herausnehmen, den Schmarrn mit zwei Löffeln in Stücke reißen und mit Kompott der Saison anrichten.

»So ein Schmarrn«, sagt man in Bayern gerne, wenn man meint: so ein Quatsch. Damit tut man dieser typisch österreichisch-bayerischen Süßspeise Unrecht. Mit steif geschlagenem Eiweiß wird der Schmarrn zu einer köstlichen luftigen Spezialität.

6

Internationales Flair und bayerische Gastlichkeit

Marianne Holzinger
im Reindl's Partenkirchner Hof

Adresse
Reindl's Partenkirchner Hof e. K.
Bahnhofstraße 15
82467 Garmisch-Partenkirchen
Telefon: +49 8821 943870
Fax: +49 8821 943887250
E-Mail: info@reindls.de
www.reindls.de

Öffnungszeiten
Anfang Dezember bis Anfang November täglich 12.00 bis 14.30 Uhr und 18.30–23.00 Uhr

Hinweis
Das Restaurant hat einen barrierefreien Eingang, auch die Sanitärräume sind behindertengerecht ausgestattet. Das Hotel ist nicht barrierefrei.

»Noblesse oblige« könnte man sagen. Die Erbin des international renommierten Hauses fühlt sich der klassischen französischen Küche verpflichtet. Sie wurde mit dem »Woman of the Year Award 2010« der Eurotoques-Stiftung ausgezeichnet.

Reindl's Partenkirchner Hof gehört zweifellos zu den Traditionshäusern, die den Ruf des wohl bekanntesten bayerischen Wintersportortes mitbegründet haben. Das Gästebuch des Fünf-Sterne-Hauses liest sich wie das Who's who aus Politik, Adel, Industrie und Showbusiness. Bayerische Ministerpräsidenten, gekrönte Häupter, Großindustrielle und Künstler genossen und genießen das stilvolle Ambiente des familiengeführten Hotels.

Das Alpenhotel steht ganz in der Tradition großer Häuser, in denen schon Seniorchef Karl Reindl seine Lehr- und Wanderjahre verbrachte. Marianne Holzinger trat sein Erbe als Küchenchefin an. Nach der Lehre im elterlichen Hotel sammelte auch sie in Betrieben in der Schweiz, in England und in Amerika Erfahrungen. Den letzten Schliff holte sich die begeisterte Köchin bei Eckart Witzigmann in dessen Münchner Restaurant Aubergine. Peter Ustinov soll ihre Kartoffelsuppe mit Trüffeln als die beste gelobt haben, die er je gegessen habe.

Nun muss man ehrlicherweise zugeben, mit dem Begriff »Weiberwirtschaft« sind der Partenkirchner Hof und die gehobene Küche von Marianne Holzinger nicht zutreffend beschrieben. Doch wir möchten in diesem Buch die ganze Bandbreite weiblichen Engagements in diesem weiten Feld der Gastronomie zeigen.

Aus dem Jahr 1911 stammt der älteste Teil des Hauses, das ursprünglich einen feinen Spiel- und Tanzsalon im Stil der Belle Époque beherbergte.

Marianne Holzinger regiert und dirigiert eine 18-köpfige Küchenbrigade, denn seinen hervorragenden Ruf verdankt das renommierte Hotel nicht zuletzt der hier bereits seit zwei Generationen gepflegten französischen Küche à la Escoffier. Ihr Vater und erster Lehrmeister ging bei dem großen Alfred Walterspiel im Münchner Hotel Vierjahreszeiten in die Lehre und arbeitete später im legendären Maxim in Paris. Schon als Kind stand die Tochter bei ihm in der Küche und diese Leidenschaft ließ die älteste von drei Schwestern nie mehr los.

Wäre es nicht opportun gewesen, als Tochter des Hauses das Hotelmanagement, die Rezeption oder den Service zu übernehmen? Das alles hat sie zwar gelernt, sagt Marianne Holzinger, aber sie sorge lieber im Hintergrund für das Wohl der Gäste, weil in der Küche einfach mehr los und die Arbeit viel kreativer sei.

Die beste Wellness-Abteilung des Hotels, so sagt Familie Reindl, sei das Restaurant. Im Wintergarten erwartet die Gäste ein reichhaltiges Frühstück. Daneben können aus einer raffinierten Brasserie-Karte Gerichte für den kleinen Hunger ausgewählt werden.

Heute kocht Küchenchefin Marianne Holzinger für die Mittagskarte im neu angebauten Wintergarten des Hotels von klassisch bayerisch bis mediterran leicht. Sie spielt mit Gewürzen und Aromen und wagt auch ab und zu einen asiatischen Touch. Die hohe Kunst der französischen Küche wird am Abend im gediegenen Restaurant zelebriert. Wenn die Gäste der Richard-Strauss-Festspiele, die Künstler und Organisatoren zur Premierenfeier kommen, gibt es Schnecken, Gänseleberterrine, Bouillabaisse, Steinbutt »Albert« und Hummer. Es gehört zum Stil des Hauses, dass er lebend aus dem Becken gefangen wird.

Kochen ist im Partenkirchner Hof vererbte Leidenschaft und Hobby. Von der Paté bis zur Patisserie verlässt nur selbst Hergestelltes die Küche. Stilvoll und aufmerksam ist auch der Service des Hauses. Altes Tafelsilber, eine hervorragende Weinauswahl, für die der Ehemann der Küchenchefin verantwortlich zeichnet, und fachkundige Beratung sind eine Selbstverständlichkeit.

Ein Besuch im Partenkirchner Hof bei Marianne Holzinger weckt Erinnerungen an gute alte Zeiten, als Hotels noch Persönlichkeit hatten. Der Partenkirchnerhof hat sie sich bewahrt.

Ausflugstipp: Schloss Schachen

Das ist das Lieblingsschloss von Marianne Holzinger. Unter den vielen Ludwigsdenkmälern der Umgebung schätzt sie dieses Jagdschlösschen im Wettersteingebirge. König Ludwig II. diente es als Refugium und hier, mitten in den bayerischen Alpen, frönte er seiner Orientbegeisterung. Und so überrascht das von außen und im Erdgeschoss noch ganz alpenländisch anmutende Haus im ersten Stock mit einem opulent ausgestatteten Türkischen Saal, der Träume aus Tausendundeiner Nacht wahr werden lässt. Informationen über www.schlosslinderhof.de.

Sehenswert ist auch der Alpengarten unweit des Schlosses. Er ist eine Außenstelle des Botanischen Gartens München. In einer Höhe von 1800 Metern gedeihen hier neben einheimischen Wildpflanzen auch Gewächse, die man sonst nur auf der Balkanhalbinsel und in Vorderasien finden kann.

Der Partenkirchner Hof wurde bereits mehrfach prämiert. Viele Gäste kommen allein schon wegen der einzigartigen Küche. Marianne Holzinger verwöhnt sie in den verschiedenen Stuben des Hotels, aber auch in der Hotelbar Enoteca und in der Kellerbar Tenne.

Carpaccio von Werdenfelser Steinpilzen mit kleinen Medaillons vom Rehrücken

Für 4 Portionen

8 große Steinpilze, möglichst mit geschlossenem Kopf | 1 EL Himbeeressig | 2 EL Walnussöl | Salz und schwarzer Pfeffer aus der Mühle | 4 Rehmedaillons à 60–70 g | 1 EL Butter | einige Feldsalatröschen

■ Die Steinpilze putzen und in sehr feine Scheiben schneiden. Kreisförmig auf dem Teller anrichten.

■ Eine Vinaigrette aus Himbeeressig, Walnussöl sowie Salz und Pfeffer rühren und die Steinpilze mit dem Dressing beträufeln.

■ Die Rehmedaillons mit Salz und Pfeffer würzen. Die Butter in einer Pfanne zerlassen und die Medaillons bei mittlerer Hitze auf beiden Seiten in etwa 10 Minuten rosa braten. Etwa 10 Minuten ruhen lassen.

■ Anschließend in der Mitte des Carpaccios anrichten und mit Feldsalat garnieren.

Im Partenkirchner Hof wird noch ganz traditionell auf Platten serviert. Nymphenburger und Meißner Porzellan, edle Stoffe und wertvolle Antiquitäten gehören zum stilvollen Ambiente des Hauses.

Krautwickerl vom Staffelsee-Zander und Gambas auf Noilly-Prat-Sauce

Für 4 Portionen

1 junges Weißkraut (etwa 500 g) | Salz | 200 g Zanderfilet | Cayennepfeffer | 1 TL abgeriebene Schale von 1 Biozitrone | 2 EL Noilly Prat | 100 g Sahne | 4 große rohe, geschälte Gambas

Für den Pochierfond: 500 ml Geflügelfond | 500 ml Fischfond | 250 ml Weißwein

Für die Sauce: Noilly Prat | 30 g kalte Butter

Zum Garnieren: 4 sehr fein geschnittene Scheiben Speck

■ Vier große Blätter vom Weißkraut lösen und in Salzwasser blanchieren. Die grobe Blattrippe herausschneiden und die Blätter auf Küchenpapier trocknen lassen.

Genießer schätzen die mit wertvollen Antiquitäten ausgestatteten Räume und die internationale Atmosphäre des Hauses. Während der Richard-Strauss-Festspiele trifft sich hier auch gern die Künstlerprominenz.

■ Das Zanderfilet in den Mixer geben und mit Cayennepfeffer, Zitronenabrieb und Noilly Prat würzen. Nach und nach die Sahne dazugeben. Darauf achten, dass die Zutaten sehr kalt sind, damit die Farce nicht gerinnt.
■ Die Farce auf die Weißkrautblätter streichen, die Gambas in die Mitte legen und einrollen. Die Krautwickerl in Klarsichtfolie wickeln und an beiden Enden zubinden.
15 Minuten im Fond am Siedepunkt pochieren, herausnehmen und warm stellen.
■ 500 ml vom Pochierfond abmessen, erhitzen und auf ein Drittel reduzieren. Mit einem kräftigen Schuss Noilly Prat abschmecken und mit der kalten Butter binden.
■ Die Sauce in vorgewärmte tiefe Teller geben. Die Krautwickerl einlegen und mit knusprig gebratenen Speckstreifen garnieren.

Hasenöhrl mit Hollerkompott

Für 4 Portionen

125 g Mehl Type 405 | 175 g Quark | 1 Msp Backpulver | 1 TL abgeriebene Schale von 1 Biozitrone | 400 ml Frittieröl | 1 reife Birne | 400 g Holunderbeeren | 70 g Zucker | 1 EL Zitronensaft | 20 ml Zwetschgenwasser | 1 EL Puderzucker

■ Mehl, Quark, Backpulver und Zitronenabrieb zu einem Teig verarbeiten, 3 mm dünn ausrollen und in Rauten schneiden. Die Rauten im Kühlschrank 30 Minuten ruhen lassen. Das Frittieröl auf 180 °C erhitzen und die Teigrauten goldgelb ausbacken.
■ Für das Hollerkompott die Birne schälen, in Viertel schneiden und das Kerngehäuse entfernen. Das Fruchtfleisch in feine Scheiben schneiden und mit Holunderbeeren, Zucker und Zitronensaft aufkochen lassen. Mit dem Zwetschgenwasser aromatisieren.
■ Die Hasenöhrl auf den Tellern anrichten, mit dem Hollerkompott überziehen und mit Puderzucker bestäuben.

7

Bio vom Feinsten

Christl Kurz
im Biohotel Kurz in Berchtesgaden

Adresse
Biohotel Kurz
Locksteinstraße 1
83471 Berchtesgaden
Telefon: +49 8652 9800
Fax: +49 8652 980222
E-Mail: info@biohotel-kurz.de
www.biohotel-kurz.de

Öffnungszeiten
Täglich Brunch 8.00–12.00 Uhr
Abendessen 18.00–24.00 Uhr
Kein Ruhetag

Hinweis
Das Haus ist nicht barrierefrei.

Hier ist eine Pionierin der vegetarischen und gesunden Küche am Werk. Christl Kurz ging unbeirrt ihren Weg und hat viel dazu beigetragen, dass sogenannte »gesunde Kost« heute so köstlich schmeckt.

Über 25 Jahre war Bischofswiesen der Ort, an den ihre Fans pilgerten. Seit 2010 hat das Biohotel eine neue Adresse: Locksteinstraße 1 in Berchtesgaden. Christl Kurz ist in das Haus ihrer Großeltern zurückgekehrt. Zehn Jahre hat sie gemeinsam mit ihrer Tochter Gabi das 500 Jahre alte Anwesen sorgsam renoviert.

Wer die Adresse nicht kennt, findet das neue Biohotel nicht. Von außen deutet nichts darauf hin, dass sich hinter den dicken Mauern des alten Bauernhauses eine der besten Adressen für vegetarische Kochkunst verbirgt. »Klein, aber fein«, lautet das neue Motto von Christl Kurz, die hier nur noch zwei bezaubernde und außergewöhnlich geräumige Gästezimmer anbietet. Jetzt ist nicht nur das Essen, sondern auch das Schlafen »biologisch«. Denn das Haus wurde zu 100 Prozent baubiologisch saniert.

Wie nun begann Christl Kurz, die Pionierin der vegetarischen Ernährung? Sie machte Salate, erzählt sie, und die Nachbarin fragte, ob sie denn mal mitessen dürfe. Dann kam die Freundin der Nachbarin und wiederum deren Freundin und im Nu entstand bei Christl Kurz eine vegetarische Mittagstafel, woraus sich ihr heutiges Restaurant und ihre Kochschule entwickelten.

Der Name Christl Kurz ist ein Begriff für vollendete Koch- und Backkunst kulinarischer Vollwertkost. Früher in Bischofswiesen ansässig, hat die Spitzenköchin heute ihr Refugium in einem wunderschönen alten Haus in Berchtesgaden.

Das Haus Locksteinstraße 1 liegt an einem magischen Platz. Lockstein, sagt die Hausherrin, das kommt von der keltischen Gottheit Loki und deutet auf einen Kultplatz hin. »Kultig« ist auch der ebenerdige Empfangsraum mit dicken Holzbalken, umlaufenden Sitzbänken und einem Kamin. Von dort führt eine steile Holztreppe ins gemütliche Wohnzimmerrestaurant. Zu jedem Menü gehört bei Christl Kurz inzwischen eine Kochvorführung: Die Gäste

Der Mensch lebt nicht vom Brot allein ... Auch der Raum, in dem er sich aufhält, in dem er isst und trinkt, sagt Christl Kurz, muss Wohlfühlcharakter haben.

dürfen ihr über die Schulter gucken, ihr zusehen, wie die einzelnen Gänge zubereitet werden.

Die vegetarische Vollwertküche der Christl Kurz ist eine Philosophie, die man am besten in einem ihrer Kochkurse kennenlernen sollte. »Am Anfang gab's meist nur Aufläufe«, erinnert sie sich und erzählt, wie schwer es war, biologische Produkte in guter Qualität zu bekommen. Heute liefern Spezialfirmen alle Zutaten in die biozertifizierte Küche und Christl Kurz kreiert daraus ihre Gourmetmenüs: zum Beispiel Vitaminsalat mit Rosmarinbrot, Tomatenpolenta mit Orangenfenchel, Auberginenröllchen mit Rosmarinkartoffeln und Geranium-Panna-cotta mit Granatapfel und Rosenblütenhonig. Viele Kräuter und Gemüse erntet die Bioköchin in ihrem Mauergarten, den sie dem Steilhang hinter dem Haus abgerungen hat. Unendlich viele Stufen führen hinauf. Aber der Aufstieg lohnt sich nicht nur wegen der Aussicht. Immer wieder stößt man auf idyllische Sitzplätze, von denen aus man einen fantastischen Blick auf die grandiose Bergwelt hat.

Mit leuchtenden Augen und voller Stolz erzählt Christl Kurz die märchenhafte Erfolgsstory ihrer Tochter Gabi. Die junge Bio-Spitzenköchin, die jahrelang ihre Mutter unterstützte, wagte den Sprung »von der Wiese in die Wüste«. Dort reüssierte sie erst als Küchenchefin und jetzt als Verantwortliche für vegetarische Küche in den unzähligen Restaurants der Nobel-Hotelkette Jumeirah. Daher weht auch ein Hauch von Tausendundeiner Nacht durch das alte Berglerhaus in Berchtesgaden.

Ausflugstipp

Interessant ist eine »Salz-Zeitreise« ins Salzbergwerk Berchtesgaden. In diesem neu gestalteten Erlebnisbergwerk entdeckt man die Welt des weißen Goldes. Staunend stehen die Besucher in der Salzkathedrale, blicken in den tief unter der Erde liegenden Spiegelsee und erfahren im Salzlabor alles über die Speisesalzgewinnung. Information über www.salzzeitreise.de.

Gebratene Artischockenböden auf Toast

Für 4 Portionen

4 Artischockenböden | 4–6 EL natives Olivenöl | 1 Knoblauchzehe, geschält, in Scheiben | einige Thymian- oder Zitronenthymianzweige | 2 gehäutete, entkernte Tomaten, in Würfelchen geschnitten | Salz und schwarzer Pfeffer aus der Mühle | 4 Scheiben Vollkorntoast, getoastet

- Die Artischockenböden in schmale Streifen schneiden.
- Das Olivenöl in einer Pfanne erhitzen und die Artischocken zusammen mit dem Knoblauch und dem Thymian kurz anschwitzen. Die Tomaten hinzufügen und mit Salz und Pfeffer würzen.
- Heiß auf den Toastscheiben anrichten.

Immer noch verbinden heute manchmal Uneingeweihte mit dem Wort Vollwertküche Gerichte, die zwar gesund sind, aber nicht unbedingt gut schmecken müssen. Falsch gedacht! Selbst ein einfacher Toast mit dem entsprechenden Belag ist nicht nur ein elegantes Zwischengericht oder ein leichtes Sommerabendessen. Durch die Kombination der Zutaten ist er zudem gesund.

»Kochen ist in erster Linie eine kreative Tätigkeit. Sie erfordert Fantasie, Einfühlungsgabe und gedankliche Auseinandersetzung mit der Materie. Somit hat Kochen, gutes Kochen, unbedingt etwas mit Liebe zu tun, mit Lebensfreude und Lebensqualität.« *Christl Kurz*

Verschiedene gefüllte Gemüse auf Tomatenschaum

Für jeweils 4 Portionen
4 Tomaten
Füllung: 100 g Blattspinat oder Mangold, sorgfältig verlesen und gewaschen | 40 g Schafskäse | 1 Handvoll Basilikum, in Streifen geschnitten | 1 EL natives Olivenöl | Himalaja-Kristallsalz und schwarzer Pfeffer aus der Mühle

1 mittelgroße Zucchini
Füllung: 1 kleine Karotte, geschält und in Würfelchen geschnitten | 2 EL Crème fraîche | Himalaja-Kristallsalz und schwarzer Pfeffer aus der Mühle | 2 Dillzweige, die Blättchen feingeschnitten | 1 EL natives Olivenöl

4 Zwiebeln
Füllung: 6 Salbeiblätter, in Streifen geschnitten | 1 Vollkornsemmel, in Würfel geschnitten | 2 EL Butter | frisch geriebene Muskatnuss | 2 EL geschlagene Sahne | Himalaja-Kristallsalz und schwarzer Pfeffer aus der Mühle | 1 EL natives Olivenöl

4 mittelgroße Kartoffeln, ungeschält, nur gewaschen
Füllung: ¼ kleine Sellerieknolle, geschält und in Würfelchen geschnitten | 1 Karotte, geschält und in Würfelchen geschnitten | 4 Zitronenthymianzweige | 2 EL Crème fraîche | Himalaja-Kristallsalz und schwarzer Pfeffer aus der Mühle | 1 EL natives Olivenöl

Für den Tomatenschaum: 3 Tomaten | 1 TL Pfeilwurzelmehl | Himalaja-Kristallsalz und schwarzer Pfeffer aus der Mühle | 2 EL geschlagene Sahne

■ Die Gemüse vorbereiten: Bei den Tomaten am Stielansatz einen Deckel abschneiden, das Innere aushöhlen und für den Tomatenschaum aufbewahren.
■ Für die Tomaten den Spinat mit den restlichen Zutaten vermengen und einfüllen. Den Deckel aufsetzen. Mit Olivenöl bestreichen.
■ Die Zucchini in vier gleich große Stücke schneiden und aushöhlen. Das Innere für die Füllung klein schneiden.

■ Von den Zwiebeln jeweils am Schopfende einen Deckel abtrennen. Die Zwiebeln schälen und aushöhlen. Das Innere für die Füllung klein schneiden.
■ Von den Kartoffeln ebenfalls einen Deckel abschneiden und aushöhlen. Das Innere für die Füllung klein schneiden.
■ Zucchini, Zwiebeln und Kartoffeln im Dampf nicht zu weich garen, ebenso das Kartoffelinnere zusammen mit dem Sellerie und der Karotte für die Kartoffelfüllung. Den Spinat im Dampf kurz zusammenfallen lassen.
■ Für die Kartoffelfüllung alle Zutaten vermengen und einfüllen. Den rohen Deckel aufsetzen und mit wenig Olivenöl bestreichen.
■ Für die Zucchinifüllung das Olivenöl in einer Pfanne erhitzen und die Karotten und Zucchiniwürfel anschwitzen. Wenn sie gar sind, die restlichen Zutaten unterrühren und einfüllen.
■ Für die Zwiebelfüllung die Butter in einer Pfanne bei niedriger Hitze zerlassen und das klein geschnittene Innere mit dem Salbei anschwitzen. Nacheinander die Semmelwürfel und die restlichen Zutaten dazugeben. Die Mischung einfüllen und den rohen Deckel aufsetzen. Mit Olivenöl bestreichen.
■ Den Backofen auf 200 °C vorheizen. Das Gemüse auf ein mit Butter ausgestrichenes Backblech setzen und kurz vor dem Anrichten 10 Minuten im heißen Ofen garen.
■ Für den Tomatenschaum die Tomaten sowie das Innere der gefüllten Tomaten mit 125 ml Wasser im Mixer pürieren und durch ein feines Sieb passieren. Mit dem Pfeilwurzelmehl aufkochen und mit Salz und Pfeffer würzen. Kurz vor dem Anrichten die geschlagene Sahne unterziehen.
■ Den Tomatenschaum auf den Teller geben und das Gemüse darauf platzieren. Mit Basilikum oder Zitronenthymian dekorieren.

Gemüse, Salate und Obst nennt Christl Kurz die »Sonnenlichtesser«. Frei nach Steiner wirken die einzelnen Gemüse unterschiedlich auf die einzelnen Organe. Damit gehört zu einer ganzheitlichen Versorgung des Körpers eine wohl durchdachte Ausgewogenheit der Speisen.

Wassermelonensorbet

Für 4 Portionen

600 g Wassermelone | 100 g Akazienhonig | 1 Vanilleschote | Saft von 1 Zitrone | 1 Minzestängel plus 1 Stängel pro Portion zum Dekorieren

■ Alle Zutaten in der Küchenmaschine pürieren, durch ein Sieb passieren und in einer Eismaschine etwa 30 Minuten gefrieren. In hohe, vorgekühlte Gläser füllen. Mit der Minze dekorieren.

8

Die Quereinsteigerin

Claudia Lecker
im Schmankerlwirt in Neukeferloh

Adresse
Zum Schmankerlwirt
Dianastraße 5 a
85630 Grasbrunn/Neukeferloh
Telefon: +49 89 80999970
Fax: +49 89 80999971
E-Mail:
info@zum-schmankerlwirt.de
www.zum-schmankerlwirt.de

Öffnungszeiten
Täglich 10.30 – 24.00 Uhr,
warme Küche 11.30 – 21.30 Uhr,
21.30 – 22.00 Uhr Brotzeiten

Hinweis
Das Haus ist nicht barrierefrei.

Das bayerische Wirtshaus liegt versteckt in einem Wohngebiet im Ortsteil Neukeferloh des Münchner Vororts Grasbrunn. Das Haus ist nur durch eine Hecke von der vielbefahrenen B 304, der Bundesstraße nach Wasserburg, getrennt – um es aber zu erreichen, bedarf es einiger Umwege.

Gäste, die des Bayerischen nicht mächtig sind, müssen nachfragen, wenn sie die Rechnung bestellen und die Wirtin fragt: »Ois zam?« Alles zusammen? Claudia Lecker ist eine waschechte Bayerin, geborene Münchnerin sogar, und sie macht kein Hehl daraus.

Aufgewachsen ist die gelernte Einzelhandelskauffrau im Münchner Stadtteil Neuhausen. Eigentlich wollte sie Hotelfach lernen, aber die Arbeitszeiten haben sie in jungen Jahren abgeschreckt und so entschied sie sich zunächst für die Immobilienbranche mit geregeltem Feierabend. Aber nebenbei begann sie, in der Gastronomie zu jobben. So blieb sie ihrer alten Liebe treu und sammelte 20 Jahre Erfahrung in verschiedenen Betrieben. Erst mit 45 wagte sie den Schritt in die Selbstständigkeit und verwirklichte den lange gehegten Traum vom eigenen kleinen Café oder Wirtshaus.

Allein, sagt sie, hätte sie sich nicht getraut, aber mit einer Freundin, die ebenso wie sie Quereinsteigerin war, wagte sie den Schritt und übernahm den Schmankerlwirt, der vorher viele Jahre ein griechisches Lokal beherbergte. Es war hart am Anfang, erzählt die Wirtin, die persönlich Flyer in den umliegenden Häusern verteilte und Werbung machte. Herausforderungen aber haben sie noch nie abgeschreckt.

Inzwischen ist Claudia Lecker die alleinige Inhaberin und Betreiberin des Lokals. Das Gasthaus, das von außen eher unscheinbar ist, überrascht mit einer schönen, holzvertäfelten Stube, mit Dielenfußboden und blanken Holztischen und Bänken, wie sie in Bayern üblich sind. Auch der zum Teil überdachte Biergarten ist

Liebevolle Details lassen Claudia Leckers sorgsames Wirken im Schmankerlwirt erkennen. So manches Stück, das heute die Gaststube ziert, sind Geschenke treuer Gäste.

Eröffnet wurde der Schmankerlwirt unter weiblicher Führung an einem 1. April, aber wie sich herausgestellt hat, handelte es sich nicht um einen Aprilscherz, wie viele zunächst glaubten. Der freundliche Service und die gediegene bayerische Küche haben sich inzwischen herumgesprochen.

lauschig. Die weibliche Hand ist auch hier an den vielen liebevollen Details erkennbar, von den frischen Blumen auf den Tischen bis hin zu den rot-weiß-karierten Sitzkissen auf Stühlen und Bänken.

Die Speisekarte der Schmankerlwirtin ist eindeutig bayerisch geprägt, denn auch in der Küche sind Bayern am Werk, »g'standne Mannsbilder«, die wissen, wie ein Schweinebraten, ein Saures Lüngerl, Zunge, Herz und Rinderbacken zubereitet werden. Allerdings bietet die Karte für jeden Geschmack etwas: Salate, Fisch und saisonale Schmankerl sowie Knödel in allen Variationen – vom Knödel mit Schwammerl über Knödlgröstl bis hin zu sauren Knödeln. Auch vegetarische Gerichte werden angeboten. Beliebt sind die preisgünstigen Mittagsgerichte, die flott serviert werden, denn die Gäste aus dem nahen Technikpark haben wenig Zeit in der Mittagspause. Das Bier bezieht die Wirtin aus dem Bayerischen Königshaus, vom bayerischen Prinzen Luitpold, dem Nachfahren des letzten bayerischen Königs. Die Weinkarte ist klein, aber gut und zur Verdauung wird gerne ein »Odl« gereicht, ein naturtrüber Kräuterlikör aus dem Chiemgau. Danach verstehen auch die auswärtigen Gäste, wenn die Wirtin sagt »Pfiads eich, kemmts boid wida«.

Ausflugstipp: Wildpark Poing

Über die Autobahn A 99 erreicht man in etwa 20 Minuten den Wildpark Poing, den wildreichsten Park Deutschlands, der bereits 1959 gegründet wurde. Der Park bietet einheimischen Wildarten eine Heimat und ist sommers wie winters ein Erlebnis für die ganze Familie. Auf dem vier Kilometer langen Wald- und Wiesenwanderweg begegnet man u. a. Damwild, Hirschen und Mufflons. Luchse, Wölfe, Wildschweine, ja sogar Bären werden in Gehegen gehalten. Weitere Informationen über www.wildpark-poing.net.

Geschmorte Ochsenbackerl in Rotweinsoß' mit Brezenknödl

Für 4 Portionen

Für die Ochsenbackerl: 1 kg Ochsenbackerl | Salz und schwarzer Pfeffer aus der Mühle | 100 g Sellerieknolle | 200 g Karotten | 100 g Lauch | 100 g Zwiebeln | 2–3 EL Rapsöl | 2 EL Butter | 1 EL Tomatenmark | 750 ml Rotwein, trocken | 750 ml Kalbsfond | Wacholderbeeren, zerdrückt | 2 Lorbeerblätter | Speisestärke nach Belieben

Für die Brezenknödl: 6 altbackene Brezen | 300 ml Milch | 1 kleine Zwiebel | 3 Eier | frisch geriebene Muskatnuss | Salz und schwarzer Pfeffer aus der Mühle | 1 Handvoll fein gehackte Petersilie

■ Die Ochsenbackerl waschen, trocken tupfen und ggf. parieren. Mit Salz und Pfeffer würzen. Sellerieknolle, Karotten und Lauch waschen bzw. schälen und klein schneiden. Die Zwiebeln schälen und fein hacken.

■ Das Öl in einem Topf erhitzen und die Ochsenbackerl von allen Seiten scharf anbraten und das Fett abgießen. Die Ochsenbackerl aus dem Topf nehmen. Nun die Butter in den Topf geben und zerlassen. Die Zwiebeln und das Gemüse hinzufügen und anschwitzen. Das Tomatenmark dazugeben und anrösten. Mit 250 ml Rotwein ablöschen und einkochen lassen. Den Vorgang drei- bis viermal wiederholen. Den Kalbsfond angießen, die Gewürze dazugeben und etwa auf die Hälfte einkochen lassen. Die Ochsenbackerl einlegen, den Topf zudecken und 3½–4 Stunden schmoren.

■ Die fertig geschmorten Ochsenbackerl aus dem Topf nehmen. Die Sauce bei Bedarf mit ein wenig Speisestärke binden.

■ Für die Brezenknödel die Brezen in 2 cm große Stücke schneiden und in eine große Schüssel geben. Die Milch erhitzen und über die Brezenwürfel gießen. 10 Minuten ziehen lassen.

■ In der Zwischenzeit die Zwiebel schälen und fein hacken. Eier, Muskat, Salz und Pfeffer verquirlen und zusammen mit Petersilie und Zwiebeln zu den Brezenstücken geben. Die Masse zu einem Teig verkneten.

■ Reichlich Wasser in einem Topf zum Kochen bringen. Aus der Masse tennisballgroße Knödel formen und in das kochende Wasser einlegen. 5 Minuten kochen lassen. Die Hitze reduzieren und die Knödel weitere 15 Minuten ziehen lassen.

■ Zum Servieren die Ochsenbackerl in Scheiben schneiden und auf dem Teller anrichten. Die Rotweinsoß' mit dem Gemüse darübergeben. Jeweils zwei Knödel anlegen. Nach Belieben dekorieren.

Nicht nur geschmorte Rinderbacken sind typisch für die Altmünchner Küche. Auch Kronfleisch, gebackenes Schweinszüngerl, Herz, Leber und Lüngerl gehören dazu und kommen beim Schmankerlwirt regelmäßig auf die Karte. Eine »Sauerei«, sagt die Wirtin, gibt es täglich.

goldmarie

9

Weniger ist mehr

Petra Mirwald, Karin Stüwe und Julia Schneider in der Goldmarie in München

Es war einmal eine ganz normale Wirtschaft im Münchner Schlachthofviertel, eine Traditionswirtschaft, die ihre glanzvollen Zeiten längst hinter sich hatte. Dann kamen drei fleißige Münchner Mädels und machten aus dem alten »Schmellerhof« ein schönes, schlichtes Gasthaus mit feiner, frischer Küche.

Ein Märchen? Nein, viel Arbeit haben die drei engagierten Frauen in ihr Wirtshausprojekt gesteckt, daher der Name Goldmarie, der ursprünglich nur als Arbeitstitel vorgesehen war. Um ihren Traum vom eigenen Wirtshaus zu realisieren, mussten sie so fleißig sein wie die Goldmarie im Märchen von Frau Holle – erzählen sie. Keine der Frauen kommt aus der Gastronomie, aber alle drei sind sich einig, dass sie darin ihre Erfüllung gefunden haben.

Julia Schneider ist die Köchin im Team. Mit ihrer dunklen Lockenmähne könnte sie aus Sizilien stammen. Auch ihre Vorliebe für mediterrane Gerichte ließe es vermuten. Aber sie ist ein echtes Münchner Kindl und die Liebe zum Kochen hat sie vom Vater geerbt, einem passionierten Hobbykoch. Bevor jedoch bei ihr aus der Passion eine Profession wurde, studierte sie Sozialpädagogik, arbeitete in verschiedenen Projekten, auch in verschiedenen Küchen und absolvierte ihren Köchinnenabschluss »extern«. Das alles hat sie neben Kindern und Familie geschafft, genauso übrigens wie ihre Mitstreiterinnen, die sich um Organisation und Service kümmern. Zusammen haben die drei Wirtinnen der Goldmarie sieben Kinder, über die sie zusammengefunden haben: Petra Mirwald, die Schneiderin, und Karin Stüwe, die wie Julia Schneider Sozialpädagogin ist. Alle drei haben sie neben ihren eigentlichen Berufen immer in der Gastronomie gearbeitet und bevor sie sich selbstständig machten, ihre Teamfähigkeit in einem Haidhausener Gasthaus erprobt, in dem sie gemeinsam arbeiteten.

Adresse
Goldmarie
Schmellerstraße 23
80337 München
Telefon: +49 89 51669272
E-Mail
post@goldmarie-muenchen.de
www.goldmarie-muenchen.de

Öffnungszeiten
Mo–Fr 12.00–15.00 Uhr
und 18.00–24.00 Uhr,
Sa 18.00–24.00 Uhr, So Ruhetag

Hinweis
Das Restaurant ist bedingt barrierefrei, am Eingang sind zwei Stufen zu bewältigen. Doch es findet sich immer eine hilfreiche Hand ...
Kein behindertengerechtes WC!

Linke Seite: die guten Geister in der Goldmarie. Von links: Julia Schneider, Karin Stüwe und Petra Mirwald.

Die Goldmarie: pur, schlicht, ohne Chichi – und doch mit ganz viel Seele. Eine Wohlfühloase in unmittelbarer Nähe der Münchner Großmarkthalle.

Die Goldmarie ist »pommesfreie Zone«. Stattdessen gibt es eine täglich wechselnde Karte mit frisch zubereiteten, saisonalen Speisen: Artischocke mit Zitronenvinaigrette im Mai, Sellerie-Apfel-Salat mit Petersilie und Kapern im Dezember, Klassiker wie Maultaschen mit verschiedenen Füllungen, Schweinebraten, Südtiroler Kasnocken oder Palatschinken stehen immer auf der Tageskarte – genauso wie geröstetes Bauernbrot mit verschiedenem Belag. Das eignet sich als kleine Vorspeise, aber auch zu einem Glas Wein, der in der Goldmarie ebenfalls von ausgesuchter Qualität ist.

Das Wort *saisonal* nimmt Köchin Julia Schneider sehr ernst. Tomaten kommen ihr im Winter nicht auf den Tisch, von Kirschen, Aprikosen oder Erdbeeren ganz zu schweigen. Sie besorgt die Einkäufe täglich selbst. »Ein bisschen wie die Made im Speck« fühle sie sich, sagt sie, denn die Goldmarie befindet sich in unmittelbarer Nähe des »Bauchs von München«. Der Münchner Gemüsegroßmarkt mit seiner Überfülle an Angeboten ist genauso nah wie der Schlachthof. Julia Schneider kennt ihre Händler und bevorzugt regionale Produkte, wenn möglich in Bioqualität. Doch das ist kein Dogma. Schließlich sollen die Preise so sein, dass man sich ein Essen in der Goldmarie leisten kann. Das Publikum ist deshalb so, wie es sich die Wirtinnen wünschen: bunt gemischt – Ältere, Jüngere, Familien mit Kindern und Pärchen, die sich ein schönes Menü leisten. Seitdem die Goldmarie mittags geöffnet hat, kommen auch gerne Herren im Anzug aus den umliegenden Büros. Manchmal gibt es auch einen großen Familientisch für die Kinder und Männer der drei Wirtinnen. Denn ohne deren Unterstützung und Verständnis, das wissen sie zu schätzen, gäbe es – und wären sie noch so fleißig – wahrscheinlich keine Goldmarie.

Ausflugstipp

Wer sich die Großmarkthallen anschauen möchte, kann einfach durch das Fußgängertor hineinspazieren. Führungen werden für Gruppen angeboten oder über die VHS München. Rundgänge durch das Schlachthofviertel bietet auch die Organisation Statt-Reisen an. Informationen unter www.stattreisen-muenchen.de.

Topfen-Marillenknödel

Für 4 Portionen
500 g Topfen | 3 Eigelb | 70 g Puderzucker | abgeriebene Schale und Saft von 1 Biozitrone | Mark von 1 Vanilleschote | 1 Prise Salz | 200 g Semmelbrösel | 6 Aprikosen | 6 Stück Würfelzucker

■ Den Topfen mit Eigelben, Puderzucker, Zitronenabrieb und -saft, Vanillemark und Salz verrühren. Die Semmelbrösel unterrühren und 10 Minuten ziehen lassen.
■ Die Aprikosen waschen, entkernen und anstelle des Kerns einen Würfelzucker in jede Aprikose legen.
■ Wasser in einem großen Topf zum Kochen bringen und mit Zucker und Salz würzen. Die Knödel formen. In die Mitte eines jeden Knödels eine Aprikose geben. Die Knödel im siedenden Wasser ziehen lassen. Nachdem sie an die Oberfläche gestiegen sind, noch einige Minuten ziehen lassen.

Gefüllte Zucchiniblüten in Weinteig

Für 4 Portionen
6 Zucchiniblüten | 200 g Ricotta | 1 EL fein gehacktes Basilikum | frisch geriebener Parmesan | abgeriebene Schale und Saft von 1 Biozitrone | Salz und schwarzer Pfeffer aus der Mühle | frisch geriebene Muskatnuss
Für den Teig: 140 g Mehl Type 405 | 125 ml Weißwein | 2 Eigelb | 2 EL natives Olivenöl | Salz und Zucker | 2 Eiweiß | Öl zum Ausbacken

■ Die Zucchiniblüten waschen, den Stempel herausbrechen und die Blüten leicht öffnen.
■ Die restlichen Zutaten für die Füllung gut vermischen und mit den Gewürzen abschmecken. Die Füllung vorsichtig in die Blüten geben und die Blütenblätter darum herum verschließen.
■ Mehl, Wein, Eigelbe, Olivenöl, Salz und Zucker zu einem glatten Teig verrühren. Kurz ruhen lassen. Das Eiweiß mit einer Prise Salz steif schlagen. Den Eischnee unter den Teig heben.
■ Die gefüllten Blüten einzeln in den Teig tauchen und in heißem Öl goldbraun ausbacken.

Ein Lieblingsgericht in der Goldmarie: Topfen-Marillenknödel, die in gerösteten Butterbröseln gewälzt und mit Puderzucker bestäubt werden. Zur Zwetschgenzeit werden daraus Zwetschgenknödel.

10

Die Einzelkämpferin am Herd

**Elly Reißer-Kluge
im Alten Fährhaus in Bad Tölz**

Da steht eine echte Könnerin am Herd, die sogar einmal mit einem Stern dekoriert war. Die größte Auszeichnung allerdings ist für Elly Reißer-Kluge der Zuspruch ihrer Gäste. Viele sind ihr seit Jahren treu.

Zu Füßen sprudelt die Isar und auf der lauschigen Terrasse des Alten Fährhauses lässt es sich an warmen Tagen trefflich speisen. Bei Regen oder im Winter lädt die freundliche Gaststube ein, es sich gemütlich zu machen. Das Zentrum von Bad Tölz ist nah, aber doch weit genug entfernt, um von Autolärm und Trubel verschont zu bleiben. Oberbayern zeigt sich hier von seiner schönsten Seite.

Aber das war nicht immer so. Als Elly Reißer-Kluge seinerzeit das alte Haus im kühlen Isargrund kaufte, war es vom Verfall bedroht und ihre Stammgäste aus dem vorher gepachteten Restaurant drohten, nicht mehr zu kommen. Doch Elly verwandelte das heruntergekommene Anwesen in einen kleinen Feinschmeckertempel, der sogar lange Zeit mit einem Michelin-Stern dekoriert war. Aus allem das Beste machen war schon immer ihre Devise. »Ich bin eigentlich nur ein einfaches Bauernmädel gewesen«, erzählt sie und schaut dabei verschmitzt über den Brillenrand. Doch wenn es den Ausdruck Powerfrau früher schon gegeben hätte, sie wäre eine der Ersten gewesen, auf die er zugetroffen hätte.

Die Eltern der gebürtigen Chiemgauerin bestimmten, dass die Tochter Köchin werden sollte. Ihr Werdegang war von Anfang an für eine Frau ungewöhnlich. Sie ließ sich nicht als Kaltmamsell in irgendeine Küche abschieben, sondern erkannte schnell, dass ihre einzige Chance weiterzukommen war, sich selbstständig zu machen. Ihr Interesse galt schon damals der gehobenen Gastronomie. Das war zu Beginn der 1960er-Jahre, als Frauen in Sterneküchen noch wenig

Adresse
Altes Fährhaus
An der Isarlust 1
83646 Bad Tölz
Telefon: +49 8041 6030
Fax: +49 8041 72270
E-Mail:
info@altes-faehrhaus-toelz.de
www.altes-faehrhaus-toelz.de

Öffnungszeiten
Warme Küche: 11.30–14.00 Uhr
und 18.00–21.30 Uhr
So durchgehend warme Küche
bis 20.30 Uhr
Mo und Di Ruhetag

Hinweis
Das Haus ist nicht barrierefrei.

Gute 50 Kilometer fährt man von München aus zum Alten Fährhaus, das in romantischer Umgebung direkt an der Isar liegt.

Chancen hatten. Also weihte sie sich selbst in die Geheimnisse der Küche ein, die sie interessierte, d. h. sie brachte sich das Wissen selbst bei.

Ihr Vorbild war Jahrhundertkoch Eckart Witzigmann. Seine Philosophie war auch ihre – zuerst in einem gepachteten Betrieb in Bad Tölz, dann im Alten Fährhaus. Eines Tages stand ihr Idol plötzlich in der Tür. Elly Reißer-Kluge erkannte ihn sofort und bedauert es heute noch, dass sie nicht einmal Zeit hatte, ihm die Hand zu schütteln. Sie selbst hat es nie in eines seiner Restaurants geschafft, denn aus ihrer Küche, sagt sie, komme sie einfach nicht hinaus.

Früher war auch sie eine Anhängerin der Nouvelle Cuisine. Heute lacht sie über das komplizierte und »verrückte Zeug«, das sie damals gekocht hat. Heute ist ihr Stil schlichter und bodenständiger, aber immer noch so, dass er höchsten Ansprüchen genügt. Und das, obwohl sie fast allein am Herd steht. Mit nur zwei Küchenhilfen schafft sie pro Tag 50 bis 60 Gerichte. Und da der Gast ihr schon immer wichtiger war als die Kritiker, richtet sie sich ganz nach seinen Wünschen. Die Gäste sollen sich bei ihr wohlfühlen und genießen – und dafür tut sie alles. Kein Fisch verlässt die Küche jemals mit einer Gräte, kein Fleisch mit Knochen. Ihrer Aufmerksamkeit entgeht keine noch so kleine Vorliebe ihrer Gäste. Auch ob jemand die Suppe lieber aus der Tasse oder dem Teller löffelt, merkt sie sich.

Alles, was die »Einfrauküche« von Elly Reißer-Kluge verlässt, ist selbst hergestellt: vom Brot über die Steinpilzravioli und die Rehessenz bis zu den Marmeladen, die den Hotelgästen, die hier in geräumigen Zimmern nächtigen können, das Frühstück versüßen. Auf die Frage, ob sie nicht einmal etwas langsamer treten möchte, antwortet sie spontan: »Doch, ja«, sie wollte schon längst zwei, drei Tische aus dem Restaurant nehmen, aber dazu war noch keine Zeit.

Das zeichnet das Alte Fährhaus aus: schlichte Eleganz, hervorragende Küche und ein perfekter, freundlicher Service.

Ausflugstipp: Kulinarische Umgebung

Drei Adressen sollte man als Liebhaber regionaler Spezialitäten in Bad Tölz nicht versäumen: Da ist zum einen die Enzianbrennerei Schwaighofer in der Marktstraße 17, in der es kostenlose Führungen und Kostproben gibt (auch von Leonhardischnaps und Alpenkräuterlikör). Im weithin bekannten Tölzer Kasladen in der Königsdorfer Straße 22 G werden ebenfalls einstündige Führungen durch die Welt der Käse angeboten, mit Käseprobe und einem Glas Sekt gegen einen kleinen Obolus. Last but not least bietet sich die Schaukäserei auf der Stie-Alm in Lenggries-Brauneck an – für alle, die einmal sehen möchten, wie sich Milch in Käse verwandelt.

Warm geräucherter Saibling auf Kartoffelscheiben mit saurem Rahm

Elly Reißer-Kluge ist eine der Besten in Deutschland. Neues ausprobieren, Bewährtes verbessern und immer frischeste Zutaten, am liebsten Fisch und Meeresfrüchte – das ist ihr Motto.

Fisch kann man ganz leicht zu Hause räuchern, meint die Wirtin vom Alten Fährhaus in Bad Tölz. Am besten geht es im Wok.

Für 2 Portionen

1 Saibling | Salz | 1–2 Tassen Sägemehl bzw. Räuchermehl | 1 kleines Bund Lauchzwiebeln | 4 mittelgroße festkochende Biokartoffeln | Himalajasalz und schwarzer Pfeffer aus der Mühle | weißer Balsamessig | 3 EL Traubenkernöl | 2 EL Sauerrahm

■ Den Saibling mindestens 1 Stunde vor dem Räuchern salzen.

■ Den Wok aufs Feuer stellen, das Sägemehl in den Wok geben und so lange erhitzen, bis es ordentlich raucht. Ein Gitter in den Wok geben und den Saibling darauf legen, bei geschlossenem Deckel 5–6 Minuten räuchern.

■ Anschließend den Herd ausschalten und den Deckel noch weitere 7 Minuten geschlossen halten. (Man sollte nach Möglichkeit im Freien räuchern, denn das Ganze qualmt ziemlich stark.) Nach etwa 10 Minuten den Saibling filetieren.

■ In der Zwischenzeit die Lauchzwiebeln putzen und waschen. Das Weiße in feine Scheiben schneiden, ebenso die halbfest gekochten Kartoffeln. Die Kartoffeln auf einer Servierplatte anrichten. Mit Himalajasalz und Pfeffer würzen und mit ein wenig Balsamessig und dem Traubenkernöl beträufeln. Mit den Lauchzwiebeln bestreuen. Den Sauerrahm darübergeben und das duftende Saiblingsfilet darauf anrichten.

Baumburg

11

Rokoko und filigrane Küche

Maria Schuhbeck
im Bräustüberl Baumburg in Altenmarkt

Adresse
Bräustüberl Baumburg
Baumburg 12
83352 Altenmarkt
Telefon +49 8621 5155
Fax: +49 8621 646708
E-Mail: braeustueberl.
baumburg@t-online.de
www.bräustüberlbaumburg.de

Öffnungszeiten
Mo–Fr 11.30–24.00 Uhr
Sa, So und an Feiertagen
10.00–24.00 Uhr
Kein Ruhetag

Hinweis
Das Bräustüberl ist bedingt barrierefrei. Zwar gibt es keine Treppen, jedoch sind die WCs für Rollstühle zu klein.

Kloster- und Brautradition, das ist in Bayern eins. Aber es ist nicht nur das naturtrübe, unfiltrierte Bier, das die Gäste ins Bräustüberl lockt. Maria Schuhbeck serviert dazu bayerische und österreichische Schlemmergerichte, die weit über dem Niveau einer normalen Wirtshausküche liegen.

Man könnte es auch »Zu den zwei Marien« nennen, das Baumburger Bräustüberl der Maria Schuhbeck. Denn Mutter Maria unterstützt trotz ihres hohen Alters die Tochter noch immer tatkräftig. Damit man die beiden besser auseinanderhalten kann, wird die jüngere Maria auch allgemein einfach »die Mausi« genannt.

Schon als kleines Mädchen kannte sie ihr heutiges Domizil: das Bräustüberl, das die oberbayerische Wirtstochter Ende der 1980er-Jahre übernahm und bis heute nahezu unverändert gelassen hat. Die gemütliche Einrichtung stammt original aus den 1920er-Jahren, genauso wie der grüne Kachelofen neben dem Stammtisch.

Das unverkennbare Markenzeichen der Bräustüberlwirtin mit der auffallend tiefen Stimme ist das Dirndl. Ohne dieses Gwand, sagt sie, könnte sie inkognito durch den Ort gehen. Ihr Bräustüberl, Teil der alten Klosteranlage des ehemaligen Augustinerchorherrenstifts hoch über der Alz, wurde 1406 erstmals urkundlich erwähnt und bietet seither den Gästen Speis und Trank. Besonders das unfiltrierte Klosterbräubier hat es den Leuten angetan.

Zusammen mit der Mutter, einer Köchin und ausschließlich weiblichen Bedienungen ist das Bräustüberl eine lupenreine Weiberwirtschaft. Maria ist eine »echte Schuhbeck«, geboren in Waging, aufgewachsen unterhalb der Baumburg, wo Vater Franz und Mutter Maria bis 1989 den »Alzi«, den Alztaler Hof, in der Altenmarkter Hauptstraße bewirtschafteten und wo auch die

Im Sommer sitzt man mit Blick auf Bierfässer, aber auch auf die Klosterkirche im neu angelegten Innenhof des Klosters.

Ein bayerisches Gasthaus – ohne jeden Schnickschnack: ein Kachelofen, dicke, dunkle Holzbänke und Tische, eine alte Standuhr, einfach gemütlich. Die Originaleinrichtung aus den 1920er-Jahren hätte mancher Antiquitätenhändler der Wirtin schon lange gerne abgekauft ...

»Mausi« schon ihre ersten gastronomischen Erfahrungen sammelte. Bei ihrem »Adoptivcousin« Alfons hat sich die gelernte Köchin schon vor vielen Jahren einiges abgeschaut. Sie ist kreativ, aber immer auf dem Boden geblieben.

Am Sonntag gibt es einen Braten aus dem Rohr, das gehört sich so in Bayern, und wer großen Hunger mitbringt, der genehmigt sich hinterher noch einen Kaiserschmarrn von Mutter Maria. Der ist legendär und sucht seinesgleichen bis weit ins Österreichische hinein. Überhaupt ist Österreich nicht weit, und der Einfluss des Nachbarn besonders bei den Nachspeisen (Marillenknödel!) unverkennbar.

Kräftige Wildgerichte und Pfifferlinge mit Knödel gehören zu den Klassikern der Schuhbeckschen Küche. Alles, was auf den Tisch kommt, ist frisch und hausgemacht.

Viel Küchenwissen hat Maria Schuhbeck auch von ihrer Mutter übernommen. Diese steht noch täglich mit am Herd und denkt gar nicht daran aufzuhören. »Was sollt i denn sonst doa?«, sagt sie und eifert dem Vorbild der Großmutter nach, die noch mit neunzig in ihrer Wirtshausküche in Waging stand.

Was wäre ein bayerisches Bräustüberl ohne Stammtisch? Der macht schließlich den Charme eines Gasthauses aus und ist eine Garantie dafür, dass es hier nicht steif zugeht. Serviert wird auf den blanken Holztischen. Der Wein jedoch, den Maria Schuhbeck wohlüberlegt auswählt, kommt im passenden Glas auf den Tisch. Sie selbst darf natürlich jederzeit am Stammtisch Platz nehmen. Ansonsten ist der Stammtisch auch in einer Weiberwirtschaft noch eine rechte Männerdomäne. Aber immerhin ein paar Frauen haben sich das »Bleiberecht« erkämpft und sind zumindest geduldet. Allerdings nur, gestehen die männlichen Stammtischler, wenn sie nicht allzu gscheit daherreden und mit einem männlichen Mitglied verbandelt sind.

Ausflugstipp

Wie wäre es mit einer Genussradtour auf dem Klosterweg, der die drei Klöster Baumburg, Seeon und Frauenchiemsee verbindet? Dreieinhalb Stunden benötigt man für die gut 42 km lange Strecke, die durch das wunderschöne Hinterland des Chiemsees führt. Rechtzeitig losfahren und am Abend mit einem guten Hunger und einem gscheiten Durst im Bräustüberl einkehren. Die Wegbeschreibung findet man im Internet unter www.jakobus-weg.de.

Pfiffiger Jager

Für 4 Portionen
500 g Schweinefilet | 400 g frische Pfifferlinge | 1 Bund Lauchzwiebeln | 20 g Butterschmalz | Salz und schwarzer Pfeffer aus der Mühle | 250 g Sahne | 1 TL scharfer Senf

■ Das Schweinefilet in 3 cm dicke Scheiben schneiden und diese mit dem Handballen ein wenig flach drücken. Die Pfifferlinge putzen (nicht waschen!), größere Exemplare halbieren. Die Lauchzwiebeln putzen, waschen und in 5 cm lange Stücke schneiden.
■ Das Butterschmalz in einer großen Pfanne zerlassen. Die Fleischscheiben einlegen und von jeder Seite etwa 1 Minute anbraten. Mit Salz und Pfeffer würzen. Das Fleisch aus der Pfanne nehmen, in Alufolie packen und warm halten.
■ Die Pfifferlinge und die Lauchzwiebeln in die Pfanne geben und so lange anschwitzen, bis die Pilzflüssigkeit eingekocht ist. Die Sahne angießen, den Senf einrühren und bei niedriger Hitze bis zur gewünschten Konsistenz einkochen lassen.
■ Die Fleischscheiben zusammen mit den Pfifferlingen und den Lauchzwiebeln auf vorgewärmten Tellern anrichten.

»Von der Kreativität, der Frische und der Qualität der Zubereitungen«, sagt ein Gast, »könnte so mancher Sternekoch noch was abbröseln ...« Zum Pfiffigen Jager serviert Maria Schuhbeck Semmelknödel oder Spätzle.

12

Bilderbuchgasthof im Land Ludwig Thomas

Barbara und Elisabeth Weißenbeck im Gasthaus Weißenbeck in Unterbachern

Adresse
Gasthaus Weißenbeck
Ludwig-Thoma-Straße 56
85232 Unterbachern bei Dachau
Telefon: +49 8131 72546
Fax: +49 8131 80365
E-Mail:
gasthaus@weissenbeck.de
www.weissenbeck.de

Öffnungszeiten
Mi–Fr 11.30–14.30 Uhr und
ab 17.30 Uhr
Sa, So und an Feiertagen
ab 11.30 Uhr
Mo und Di Ruhetag

Anfahrt
Seit Ende 2014 verfügt Bachern über eine Haltestelle der S2 Richtung Altomünster. Fahrtzeit: 28 Minuten ab Hbf München

Hinweis
Das Haus ist nicht barrierefrei.

Das Gasthaus Weißenbeck ist ein Schmuckstück im Dachauer Land und ein lohnendes Ausflugsziel dazu. Wild und andere Köstlichkeiten wissen die Weißenbecks – nicht nur nach alten Rezepten – vortrefflich zuzubereiten. Das Gasthaus, in dem Mutter und Tochter am Herd stehen, ist eine im weiten Umkreis bekannte Adresse.

Die »Lokalbahn«, die Ludwig Thoma in seinem Roman beschreibt, führt von Dachau nach Altomünster und genau an dieser Strecke liegt das kleine Dorf Unterbachern. Mit den Bauern aus der Gegend des Dachauer Umlandes ging der Dichter gerne auf die Jagd. Auch mit dem Großvater des Hans Weißenbeck soll er so manches Reh geschossen haben. Die Gaststube mit den Geweihen und Schützenscheiben hat er allerdings nie betreten, denn die gab es zur Zeit des Heimatdichters noch gar nicht.

»Zum Schmidbauer« steht über der Eingangstür des schmucken Wirtshauses. Anni Weißenbeck hat in dem ehemaligen Bauernhof erst in den 1950er-Jahren ein Wirtshaus eröffnet, einfach weil sie so gut und gern kochte.

Mutter und Tochter Weißenbeck, die heute das Regiment führen, stehen ihr in nichts nach. Viele Rezepte hat Barbara Weißenbeck von ihrer Schwiegermutter Anni übernommen. Sie ist gelernte Bankfachfrau und hat sich aus Liebe zu Ehemann Hans auf das Gastronomiegeschäft eingelassen. So wie sie von ihrer Schwiegermutter, so lernt Tochter Elisabeth heute von ihr die Geheimnisse einer guten Küche. Die hochgewachsene, blonde Juniorchefin nahm zunächst ein wenig Abstand von der Gastronomie: Sie studierte Kunst und sammelte auch Erfahrungen im Ausland. Aber dann zog es sie doch wieder heim ins Dachauer Land. Es war nicht nur die

Aus dem ehemaligen Bauernhof wurde erst in den Fünfzigerjahren des letzten Jahrhunderts ein Gasthaus, das sich aber sehr schnell einen guten Ruf erwarb.

Die Qual der Wahl hat, wer im Gasthaus Weißenbeck feiern möchte. Vom gemütlichen Kaminzimmer über das heimelige Stüberl (oben) bis hin zur rustikalen Hofstube reicht das Angebot der Räumlichkeiten.

Sehnsucht nach der Familie, auch die Aussicht, selbstständig zu arbeiten, bewegte sie zur Heimkehr. »Vielleicht hat man den Beruf auch in den Genen, wenn man damit groß geworden ist«, sinniert die junge Frau.

Die Gaststube ist mit Blumen, silbernen Vasen und Kerzenleuchtern geschmückt und das Ambiente erinnert an ein französisches Landgasthaus. Mit Geschmack gelingt es den Weißenbecks, Rustikales und bürgerliche Eleganz zu verbinden. Juniorchefin Elisabeth baut nicht nur auf die alte Tradition von Mutter und Großmutter, sondern entwickelt ihren eigenen kreativen Stil. Ab und zu schaut sie sich in renommierten Küchen um und erweitert so ihr Können. Denn in einem Punkt stimmen Mutter und Tochter überein, sie sind beide Perfektionistinnen. »Und da fliegen in der Küche auch schon mal die Fetzen«, geben sie lachend zu.

Der Hase schmeckt köstlich, genauso wie das Reh, das in kräftigem Wildsud serviert wird. Der Geschmack ist unverfälscht, ebenso beim Blaukraut, das nicht nach Zimt, Nelken und Preiselbeeren schmeckt, sondern frisch und würzig. Wild liefert der Hausherr aus eigener Jagd. Fisch, Fleisch und Geflügel kommen von Züchtern aus dem Dachauer Land, und der Schweinebraten ist vom Schwäbisch-Hällischen Landschwein. Auch Slow Food hat die beiden Köchinnen für ihre bodenständige, gute Küche mit einer Schnecke ausgezeichnet. Traditionell Bayerisches wie Züngerl oder Gansjung wird noch original nach dem Rezept von Großmutter Anni zubereitet. Klassiker wie gefüllte Kalbsbrust oder Kalbsleber mit Kartoffelpüree gehören zum Repertoire. Wie sorgsam hier mit Produkten umgegangen wird, zeigen die köstlichen Terrinen von Wild und Geflügel, die es auch zum Mitnehmen gibt.

Ein wenig Zuneigung zur mediterranen Küche verrät die Speisekarte allerdings auch und je nach Jahreszeit kommen die aromatischen Kräuter dazu aus dem eigenen Garten.

Idyllisch sitzt man im Sommer im Garten vor der mit Glyzinien überrankten Fassade des alten Gasthauses. Es ist Teil des großen Dreiseithofes, der noch gut die ehemalige bäuerliche Struktur des Anwesens erkennen lässt. Und ein Kirchturm ist auch in Sichtweite, wie es sich eben für ein ordentliches bayerisches Wirtshaus gehört, auch wenn es eine Weiberwirtschaft ist.

Ausflugstipp

Dachau ist weltberühmt, allerdings von trauriger Berühmtheit. Bei einem Besuch der Weiberwirtschaft der Weißenbecks in Unterbachern ist zu empfehlen, auch einmal die schöne Seite der nur sechs Kilometer entfernten Stadt kennenzulernen. Hoch über der Altstadt thront das Dachauer Schloss. Max Emanuel, der Blaue Kurfürst, ließ ihm durch den Dachauer Gärtnersohn Josef Effner sein heutiges barockes Aussehen verleihen. Der Hofgarten lädt zum Lustwandeln ein und im Schloss selbst finden immer wieder interessante Ausstellungen statt. An Föhntagen genießt man einen herrlichen Ausblick vom Schlossberg, dann ist die gesamte Alpenkette zum Greifen nah.
Information über www.dachau-online.de.

»Barbara Weißenbecks Küche ist ein Glücksfall", schrieb die *Frankfurter Allgemeine Sonntagszeitung* – und die Gäste bestätigen es.

Fasanenkeule auf Linsen mit karamellisierten Quitten

Für 4 Portionen

Für die Fasanenkeulen: 2 Fasane, küchenfertig | 2–3 EL natives Olivenöl | 1 Zwiebel | 1 Karotte | 2 Stangen Bleichsellerie | 2 Lorbeerblätter | 1 Rosmarinzweig | einige schwarze Pfefferkörner | 1 l Geflügelbrühe | Salz und schwarzer Pfeffer aus der Mühle | 100 ml Weißwein | 2 EL Butter

Für die Linsen: 1 Karotte | 1 Zwiebel | 1 Stange Lauch | 2 Stangen Bleichsellerie | 1 Knoblauchzehe | 2 EL natives Olivenöl | 2–3 geschälte Tomaten aus der Dose | 250 g Belugalinsen | 1 l Gemüsebrühe | Salz und schwarzer Pfeffer aus der Mühle | 1 EL Butter | 1 Tasse klein gehacktes Mischgemüse aus Karotte, Zwiebel und Lauch | 1 EL Butter | Aceto balsamico

Für die Quitten: 2 Quitten | 20 g Butter | 100 ml Apfelsaft | 20 ml Calvados | 80 g Zucker

Die Weißenbecks haben nicht nur Kulinarisches zu bieten. Im Gasthaus finden auch immer wieder kulturelle Events statt: von Opern- und Operettenabenden über traditionelle Stubenmusi bis hin zum Jazzbrunch im Sommer.

- Die Fasanenbrüste und -keulen auslösen. Die Brüste beiseitelegen und für ein anderes Gericht aufbewahren.
- Die Karkassen zerhacken. Die Hälfte des Olivenöls in einem Topf erhitzen und die Karkassen rundum anrösten.
- Die Zwiebel und die Karotte schälen und fein hacken. Den Sellerie waschen und in nicht zu kleine Stücke schneiden. Das Gemüse zu den Karkassen geben. Die Lorbeerblätter und den Rosmarinzweig sowie die Pfefferkörner hinzufügen und einige Minuten mitrösten. Mit der Geflügelbrühe auffüllen und so lange offen köcheln lassen, bis die Flüssigkeit auf ein Drittel reduziert ist.
- Den Backofen auf 180 °C vorheizen. Die Fasanenkeulen mit Salz und Pfeffer einreiben.
- Das restliche Olivenöl in einer Pfanne erhitzen und die Keulen rundum scharf anbraten. Anschließend im heißen Ofen 20 Minuten garen. Herausnehmen und in Alufolie warm halten.
- Den Bratensatz mit Weißwein ablöschen, einige Esslöffel von dem durch ein Sieb passierten Fasanenfond hinzufügen und einköcheln lassen, bis die Sauce eine schöne, sämige Konsistenz hat. Mit kalter Butter zusätzlich binden.
- Für die Linsen die Karotte und die Zwiebel schälen, den Lauch und den Sellerie putzen und waschen. Das Gemüse in große Stücke schneiden. Die Knoblauchzehe schälen.

■ Das Öl in einem Schmortopf erhitzen und das Gemüse sowie die Knoblauchzehe anschwitzen. Die Tomaten mit ihrer Flüssigkeit zufügen. Anschließend die Linsen dazugeben und so viel Gemüsebrühe angießen, dass alles bedeckt ist. Mit Salz und Pfeffer würzen.

■ Zugedeckt bei niedriger Hitze langsam garen, bis die Linsen nach etwa 20 Minuten bissfest sind. Gegebenenfalls Brühe nachgießen. Von der Kochstelle nehmen, die Gemüsestücke sowie die Knoblauchzehe entfernen und klein hacken.

■ Die Butter in einem Topf zerlassen und das Gemüse mit dem Knoblauch anschwitzen. Die Linsen hinzufügen, gegebenenfalls nochmals etwas Brühe angießen und mit Salz und ein paar Spritzern Aceto balsamico abschmecken.

■ Die Quitten schälen, in zentimeterdicke Spalten schneiden und das Kerngehäuse entfernen. Die Hälfte der Butter in einer Pfanne zerlassen und die Quitten leicht anschwitzen. Mit dem Apfelsaft und dem Calvados ablöschen und in etwa 1 Stunde weich dünsten. Danach die restliche Butter in einer Pfanne zerlassen, den Zucker einstreuen und hell karamellisieren. Die Quitten darin schwenken.

■ Die Fasanenkeule auf dem Linsengemüse auf vorgewärmten Tellern anrichten und mit den karamellisierten Quittenscheiben dekorativ umlegen.

Köstliches aus der Weißenbeck-Küche. Von oben nach unten: Kürbissuppe mit gerösteten Kürbiskernen und steirischem Kürbiskernöl, Verschiedenes vom Saibling, Schokoladentarte mit Mousse au chocolat und Rumfrüchten. Was hier geboten wird, ist mehr als einfache Landhausküche.

Saiblingstatar

Für 4 Portionen

2–3 Saiblingsfilets | 1 Lauchzwiebel | 1 Stange Bleichsellerie | 1 EL helle Sesamsamen | 1 Msp scharfer Senf | Zitronensaft | Salz und schwarzer Pfeffer aus der Mühle | 1 TL natives Olivenöl | 4–6 Basilikumblätter, in Streifen geschnitten

■ Die Saiblingsfilets häuten und in kleine Würfel schneiden.

■ Die Lauchzwiebel und den Sellerie putzen, waschen und in feine Scheiben bzw. kleine Würfel schneiden. Den Sesam in einer Pfanne ohne Fett hell rösten.

■ Fischwürfel, Lauchzwiebeln, Sellerie und Sesam mit dem Senf sowie einem Spritzer Zitronensaft vermengen und mit Salz und Pfeffer würzen. Das Olivenöl hinzufügen und das Tatar auf großen Tellern anrichten. Mit dem Basilikum dekorieren.

13

Die Pferdeflüsterin am Herd

Sigrid Kamm
im Kammbräu in Zenting

Adresse
Kammbräu
Bräugasse 1
94579 Zenting
Telefon: +49 9907 89220
Fax: +49 9907 892231
E-Mail: info@kamm-braeu.de
www.kamm-braeu.de

Öffnungszeiten
Täglich 11.00–23.00 Uhr,
bei schönem Wetter auch
Biergartenbetrieb

Hinweis
Das Restaurant und der Biergarten sind barrierefrei, ebenso die Sanitärräume. Behindertengerechte WCs sind nicht vorhanden.

Hier steht eine Wirtin am Herd, die mit weiblicher Intuition kocht. Die frischen regionalen und saisonalen Köstlichkeiten von Sigrid Kamm locken auch viele Städter in den Bayerischen Wald.

Wäre sie ein Mann, man würde sie als Naturburschen bezeichnen: Sigrid Kamm, die Pferdenärrin, Kräuterfrau, Mutter und Zauberin am Herd. Ihr erster und letzter Weg am Tag führt zu ihren Pferden. Zwischendurch kümmert sie sich um Küche, drei Kinder, Wald und 15 Fischweiher. Auf dem Weg zu den Weihern sammelt sie schnell ein paar Pilze, pflückt Kräuter am Wegrand und eilt wieder an den Herd.

Seit 1880 ist das Gasthaus im Besitz der Familie Kamm. In dem großen ehemaligen Klostergebäude des Kammbräu gibt es viel Platz und neben behaglichen, holzvertäfelten Stuben auch ein barockes Kellergewölbe, das für besondere Veranstaltungen genutzt wird. Die Sterneküche hat sie schon immer interessiert, gesteht die gelernte Köchin. Doch nach einem kurzen Ausflug in die Haute Cuisine zu Otto Koch nach München beschloss sie ziemlich schnell, ihr »eigenes Süppchen« zu kochen. Die männerdominierte Sternegastronomie war nicht »ihr Ding«, sagt sie. Vielleicht hätte sie sich trotzdem noch auf die eine oder andere Erfahrung eingelassen. Das wolle sie nicht ausschließen. Aber als der Vater krank wurde, bat die Mutter sie, für ein Vierteljahr zu Hause auszuhelfen. Daraus sind inzwischen sehr viele Jahre geworden und die robuste Köchin hat längst ihren eigenen Stil gefunden.

Bier wird im Kammbräu keines mehr gebraut. Das liefert heute die Brauerei Hacklberg in Passau.

Nach dem Tod des Vaters übernahm Sigrid Kamm den Betrieb und gestaltete ihn nach ihren Vorstellungen. Im Biergarten hinterm Haus wachsen Blumen und Kräuter in Hülle und Fülle, in den

Ein Tag, der mit dem exzellenten Frühstück der Kamm-Wirtin beginnt, mit frisch gepressten Säften und selbst gemachten Marmeladen, kann eigentlich nur Gutes bringen.

Hochbeeten gedeihen einheimische und exotische Salate. Die patente Niederbayerin macht aus der Not eine Tugend: Anstatt für jedes frische Kraut nach Deggendorf oder Passau zu fahren, baut sie die Kräuter selbst an. Die Gäste kommen inzwischen von weit her, nicht zuletzt wegen ihrer ausgefallenen Salatkreationen mit Kräutern und Blüten. Auch die Fische aus den eigenen Weihern, die sie extensiv nur für den Eigenbedarf bewirtschaftet, könnten frischer nicht sein. Stammgäste haben das Privileg, ihre Forelle zum Abendessen selbst zu fischen.

Alles, was die Region zu den jeweiligen Jahreszeiten hergibt, verarbeitet Sigrid Kamm in ihrer Küche, in der sie übrigens meist allein steht. Ihre Lieblingsprodukte sind: frische Schwammerl, Obst und einheimisches Wild, Ziegenkäse von der Nachbarin und Fleisch vom Metzger am Ort.

Wer einmal in Zenting war – und da kommt man wahrlich nicht zufällig hin –, kehrt immer wieder bei der Kamm-Wirtin ein, die noch tatkräftig von ihrer Mutter unterstützt wird. Die Gästezimmer sind hübsch eingerichtet. Reiter, Radler und Wanderer oder einfach nur müde Großstädter, die frische Luft und Ruhe genießen wollen, sind hier bestens aufgehoben.

Ob im Winter oder im Sommer, Sigrid Kamm verwöhnt ihre Gäste mit dem Geschmack der Jahreszeiten. Und wenn man die Kamm-Wirtin nach einem 14-Stunden-Tag fragen würde, welchen Beruf sie ergreifen würde, wenn sie noch einmal ganz von vorn anfangen müsste, würde sie bestimmt antworten: Köchin. Das ist der Beruf, der ihr in die Wiege gelegt wurde.

Ausflugstipp: Schloss Egg

Die kleine Märchenburg, in der die Wirtin vom Kammbräu ihre Lehrjahre verbrachte – damals noch unter der Leitung einer Frau –, sollte man in jedem Fall besuchen. In den ehemaligen Stallungen und Wirtschaftsgebäuden ist ein Hotelgasthof untergebracht. Die Burg kann besichtigt werden und lässt Kinderträume wahr werden. Information: www.schloss-egg.de.

Jungrinderbraten mit fruchtiger Holundersauce und Fingernudeln

Für 4 Portionen

Für den Rinderbraten: 1 kg Schulterbraten, pariert | Salz und schwarzer Pfeffer aus der Mühle | 2 EL Butterschmalz | 100 g Karotten, geschält | 50 g Knollensellerie, geschält | 80 g Lauch | 100 g Zwiebelwürfel | 250 ml Portwein | 750 ml Rinderfond | milder Rotweinessig | 1 Lorbeerblatt | 5 Wacholderbeeren | 1 TL Koriandersamen | 1 TL schwarze Pfefferkörner | 1 Rosmarinzweig | 300 g Holunderbeeren | 50 g Mehl Type 405 | 50 ml Sherry

Für die Fingernudeln: 600 g mehligkochende Kartoffeln, geschält | Kümmel | 250 g Mehl Type 405 | 2 Eier | Salz | frisch geriebene Muskatnuss | Butterschmalz

- Das Fleisch mit Salz und Pfeffer einreiben. Das Butterschmalz in einem Schmortopf zerlassen und das Fleisch darin bei großer Hitze rundum anbraten.
- Die Karotten in Würfel schneiden. Den Lauch putzen, waschen, längs halbieren und in feine Scheiben schneiden. Alles zusammen mit den Zwiebeln zum Fleisch geben und kräftig anrösten.
- Mit dem Portwein ablöschen und mit dem Fond auffüllen. Einen Spritzer Essig und die Gewürze sowie den Rosmarinzweig hinzufügen und etwa 1¼ Stunden schmoren. Danach die Holunderbeeren waschen und verlesen. In den Schmortopf mit dem Fleisch geben und 10 Minuten zusammen mit dem Fleisch köcheln lassen.
- Die Sauce mit dem Mehl bestäuben und nach Bedarf nochmals Fond angießen. Durch ein Sieb passieren und mit Sherry sowie Salz und Pfeffer abschmecken.
- Für die Fingernudeln die Kartoffeln in Salzwasser weich kochen, abgießen und abkühlen lassen. Anschließend durch die Kartoffelpresse drücken. Mehl, Salz, Eier und Muskat einarbeiten.
- Eine Arbeitsfläche mit Mehl bestäuben, die Kartoffelmasse zu einer etwa 5 cm dicken Rolle formen und kleine Stücke abschneiden. Diese Teigstücke zu kleinfingergroßen Nudeln formen.
- Butterschmalz in einer Pfanne zerlassen und die Fingernudeln darin portionsweise goldbraun braten.
- Das Fleisch in Scheiben schneiden und auf vorgewärmten Tellern zusammen mit den Fingernudeln anrichten.

Exquisite Salate wie die von Sigrid Kamm sucht man sonst vergebens in der Sonnenwaldregion, in deren Wäldern die Schwammerl wachsen.

14

Zu den fröhlichen Lebzelterinnen

Ingrid Lehner und Irmi Ostermünchner im Altstadthotel Bad Griesbach in Bad Griesbach

Wer die etwas ursprünglichere Dorfatmosphäre des alten Griesbach dem in den 1970er-Jahren entstandenen Retortenbad vorzieht, der nimmt im Altstadthotel Quartier. Moderne und Tradition sind hier zum Wohl des Gastes vereint. Und wer einmal Oma Ostermünchners Apfelstrudel gekostet hat, der kommt garantiert immer wieder.

Das stattliche Lebzelterhaus im Zentrum von Bad Griesbach war schon eine feste Größe, bevor aus dem niederbayerischen Dorf ein Kur- und später ein Golfzentrum wurde. Lebkuchen, Kerzen und Bier haben hier Tradition. Heute ist in dem 340 Jahre alten Gebäude das kleine, aber feine Altstadthotel untergebracht, geführt von den Schwestern Ingrid Lehner und Irmi Ostermünchner.

Wenn man auf dem Stadtplatz angekommen ist, dann fragt man am besten einfach nach den Golden Girls, und man wird mit Sicherheit ins Altstadthotel geschickt. Die beiden Inhaberinnen, »gstandne bayerische Weibsbilder«, wie man hier sagt, besitzen einen goldenen Humor. Den Spitznamen verdanken sie aber auch der Dritten im Bunde: Oma Ostermünchner. Obwohl hochbetagt, steht die alte Dame noch täglich in der Küche und backt Apfelstrudel, Millirahmstrudel, Auszogne und Datschi – Mehlspeisen, die jeden Kurgast sämtliche guten Vorsätze vergessen lassen. Die Töchter schätzen ihre Hilfe, denn die Aufgaben haben sich die drei Damen gut aufgeteilt. Irmi kümmert sich ums Restaurant und pflegt als Hobby die Familiengeschichte. Ingrid ist für die Büroorganisation und die launige Unterhaltung der Gäste zuständig. Die Küche ist bodenständig und bietet bayerische Schmankerl, Leichtes und Deftiges, alles aus heimischen Ställen und Gewässern. Und natürlich nicht zu vergessen: Omas Mehlspeisen.

Adresse
Altstadthotel
Sparkassenstraße 6
94086 Bad Griesbach im Rottal
Telefon: +49 8532 96220
Fax: +49 8532 962216
E-Mail:
info@altstadthotel-griesbach.de
www.altstadthotel-griesbach.de

Öffnungszeiten
Täglich 11.00–23.00 Uhr
Mi Ruhetag

Hinweis
Die Sanitärräume des Hauses sind ebenerdig zugänglich. Rund um das Haus sind alle Höhenunterschiede mit Rampe anzufahren. Kein Behinderten-WC!

Die beiden Schwestern Ingrid Lehner (auf der linken Seite rechts) und Irmi Ostermünchner nehmen das Leben mit Humor.

Auf die Vorfahren ist man im Lebzelterhaus besonders stolz – und sie werden in Ehren gehalten.

Die beiden Hotelfachfrauen lernten ihr Handwerk von der Pike auf. 1992 übergab ihnen der Vater den Betrieb. Das Haus wurde von Grund auf modernisiert. Anstelle des alten Bräuhauses entstand das Hotel mit geräumigen, elegant und sehr geschmackvoll ausgestatteten Gästezimmern. Wie das 130 Jahre alte Lebzelterhaus und der Hotelneubau ergänzen sich auch in den Räumen Antiquitäten und modernes Design.

Im Lebzelterhaus war man schon immer en vogue. Wo jetzt Datschi und Schweinebraten serviert werden, wurde in den 1950er- und 1960er-Jahren nach den neuesten Hits das Tanzbein geschwungen. Es war die Ära der Tanzcafés und das »Metropol« von Vater Ostermünchner war weit über Griesbach hinaus bekannt.

Die Vorfahren der Familie haben ihren Ehrenplatz in der Ahnengalerie des Lebzeltercafés. Dort kann man bei einem Stück Zwetschgendatschi dem berühmtesten Ostermünchner ins Gesicht schauen. Karl, hieß er, auch der Bräu von Griesbach genannt. Ein wichtiger Vertreter des Geschlechts und Niederbayerns, denn er war 1848 bei der Gründung des deutschen Reichs in der Frankfurter Paulskirche dabei.

Langeweile ist nicht die Sache der Lebzelterinnen in Bad Griesbach – dafür sorgen sie übrigens auch mit ihren ideenreichen Spezialangeboten das ganze Jahr über.

Altes Handwerk: Die Lebzelterei

Lebzelterei und Kerzenzieherei gehörten früher zusammen. So auch im Griesbacher Lebzelterhaus. Aus dem Bienenwachs wurden Kerzen gezogen und mit dem Honig Lebzelten gebacken. Von Lebkuchen unterscheiden sie sich vor allem in den Zutaten: Lebkuchen werden mit Zucker, Lebzelten hingegen ausschließlich mit Honig und Sirup sowie mit Wal- und Haselnüssen gebacken. Die Nürnberger Konditoren stellten einst den Antrag an die Innung, ein Gebäck, das den Lebzelten ähnlich ist, auf den Markt bringen zu dürfen. Das war die Geburtsstunde des Lebkuchens. Erst als Zucker billiger wurde als Honig, überrundete der Lebkuchen die althergebrachten Lebzelten.

Ausflugstipp: Grongörgen

Was so skandinavisch anmutet, ist eine kleine Wallfahrtskirche, ein niederbayerisches Kleinod der Spätgotik. Im barock geprägten Niederbayern ist dieses mittelalterliche, dem heiligen Georg geweihte Gotteshaus eine Rarität. Besonders wertvoll sind die original gotischen Glasfenster. Die Kirche liegt gut ausgeschildert zwischen Bad Griesbach und Bad Birnbach. Weitere Informationen über www.wallfahrtsland-sammarei.de und www.gemeinde-haarbach.de.

Lebzelters Gänsekeule mit Lebkuchensauce

Für 4 Portionen

4 Gänsekeulen | Salz und schwarzer Pfeffer aus der Mühle | 2 EL Butterschmalz | 1–2 Stangen Lauch | 120 g Knollensellerie | 4 Karotten | 500 ml trockener Rotwein | 1 Rosmarinzweig | 500 ml Geflügelfond | 2 Lorbeerblätter | 1 TL getrockneter Thymian | 1 TL getrockneter Majoran | 250 g Lebkuchen ohne Glasur | Portwein nach Belieben

- Den Backofen auf 150 °C vorheizen.
- Die Gänsekeulen kräftig mit Salz und Pfeffer würzen. Das Butterschmalz in einem großen Schmortopf zerlassen und die Gänsekeulen rundum kräftig anbraten. Anschließend herausnehmen und beiseitestellen; wenn nötig, das Fett abschöpfen.
- Den Lauch sorgfältig waschen und den weißen Teil in feine Scheiben schneiden. Den Sellerie und die Karotten schälen und in kleine Würfel schneiden. In dem Topf, in dem die Gänsekeulen angebraten wurden, anschwitzen. Mit dem Rotwein ablöschen. Die Rosmarinnadeln hacken und zusammen mit den Gewürzen dazugeben.
- Die Gänsekeulen auf das Gemüse legen, den Geflügelfond angießen und im heißen Ofen 1¾–2 Stunden schmoren. Anschließend die Keulen warm halten.
- Das Gemüse durch ein Sieb passieren und die Schmorflüssigkeit um die Hälfte reduzieren. Die zerbröselten Lebkuchen in die Sauce einrühren und aufkochen lassen. Nochmals abschmecken und nach Belieben mit einem Schuss Portwein aromatisieren.
- Die Gänsekeulen auf vorgewärmten Tellern anrichten und mit der Sauce überziehen. Als Beilage schmecken Kartoffelknödel und Blaukraut.

Oma Ostermünchner, die Mutter der beiden Schwestern, ist noch immer aktiv. Täglich bäckt sie die köstlichsten Mehlspeisen wie Millirahmstrudel, Kirschenmichl, Blechkuchen oder Dampf- und Rohrnudeln.

15

Aus Omas Küche

Christl Probst
im Hotel Gasthof Jungbräu in Abensberg

Adresse
Hotel Gasthof Jungbräu
Weinbergerstr. 6
93326 Abensberg
Telefon: +49 9443 91070
Fax: +49 9443 910733
E-Mail: info@hotel-jungbraeu.de
www.hotel-jungbraeu.de

Öffnungszeiten
Täglich 7.00–24.00 Uhr

Hinweis
Hotel und Gasthof sind nicht barrierefrei.

Der größte und sorgsamst gehütete Schatz von Christl Probst ist das handgeschriebene Kochbuch ihrer Mutter und Großmutter. Danach wird im Jungbräu zu Abensberg heute noch gekocht, etwas leichter als damals, aber immer hervorragend. Ganz groß geschrieben wird hier natürlich der frische Abensberger Spargel.

Im Zirbelstüberl des Abensberger Traditionshauses war schon so mancher prominente Politiker zu Gast, darunter der ehemalige bayerische Ministerpräsident Günther Beckstein und auch Exkanzler Gerhard Schröder. »Aber die sind nicht unseretwegen gekommen, sondern weil's halt eingeladen waren«, sagt Christl Probst bescheiden. Dabei kann sie wirklich stolz sein auf ihr schmuckes Gasthaus, das dazu noch eines der ältesten am Ort ist.

Begonnen hat die ganze Geschichte damit, dass der Bräu Johann Stanglmayr seinem jüngeren Sohn eine Existenz verschaffen wollte und ihm anno 1620 den Gasthof samt Brauerei erbaute. Daher der Name Jungbräu. Braurecht und Brauerei gab es auch noch, als der Urgroßvater von Christl Probst den Gasthof vor rund 100 Jahren kaufte. Ob der etwas von einer Weiberwirtschaft gehalten hätte? »Wahrscheinlich nicht, aber da es keine männlichen Nachfolger gab, ist sie halt entstanden«, sagt die Jungbräuwirtin.

Schwester, Mutter und Tochter sind ein erfolgreiches Dreiergespann, das den Gasthof mit Charme und Herzlichkeit führt. Und das wird wohl auch so bleiben, wenn Tochter Elisabeth in der fünften Generation vielleicht bald den Jungbräu allein übernimmt.

Ein solches Haus wie den Jungbräu muss man erst einmal finden, das gibt es wahrlich nicht alle Tage. Elegant-rustikal eingerichtet, lässt der Jungbräu erst einmal vermuten, dass es recht gehoben zugeht in der holzgetäfelten Stube. Um so überraschender, dass im vorderen Gastzimmer am Sonntagabend Karten gespielt wird und viele Familien zum Essen kommen. Kein Wunder bei dieser Küche!

Der Jungbräu: ein schmuckes Gasthaus in Abensberg und eines der ältesten am Ort.

Christl Probst ist Hotelfachfrau. Kochen lernte sie bei der Mutter. Wenn jemand in der Küche fehlte, hieß es schon zu Zeiten, wo sie noch klein war: »Christl, mach schnell.« Und die Christl machte schnell, half immer dort, wo sie gebraucht wurde. In den Ferien hieß es arbeiten statt baden gehen, und so wuchs sie wie viele andere Wirtinnen in den Betrieb hinein.

Gepflegte Biere haben im Jungbräu Tradition, auch wenn sie heute nicht mehr aus der eigenen Brauerei kommen.

Sie schaute sich vieles von Mutter und Großmutter ab. Die alten Rezepte der beiden, die sie in einem vergilbten Notizbuch aufbewahrt, sind der größte Schatz von Christl Probst. Nach ihnen wird bis heute gekocht: Abensberger Spargel, Hopfensprossen, Entenbrust und kälberne Schnitzel, Apfelkücherl und -strudel, heute alles allerdings ein wenig leichter und moderner. Von April bis Juni kommt frisch gestochener Spargel auf den Tisch. Am beliebtesten ist er ganz schlicht mit zerlassener Butter.

Kräuter, Birnen und Äpfel erntet Christl Probst im eigenen Garten. Oder der Schwager kommt schon mal vorbei und bringt Zwetschgen. Der Küchenchef frönt an so manch freiem Tag seinem Lieblingshobby und geht »in die Schwammerl«, wie man in Bayern sagt. Wild bringen die Jäger vom Stammtisch und somit fehlt es in der Wirtshausküche an nichts. Bodenständig und fein schließen sich im Jungbräu nicht aus, im Gegenteil.

Ausflugstipp: Kloster Weltenburg

Nur zwölf Kilometer ist die Benediktinerabtei Weltenburg von Abensberg entfernt. Dieses Kloster am Eingang des romantischen Donaudurchbruchs gelegen, wurde um das Jahr 600 gegründet und ist die älteste klösterliche Niederlassung in Bayern. Die von den Asambrüdern erbaute und ausgestaltete Abteikirche zählt zu den Spitzenleistungen des europäischen Barocks. Aber auch die älteste Klosterbrauerei der Welt steht hier am Donauufer. Man sollte nicht versäumen, von dem würzigen, dunklen Bier zu kosten oder vielleicht sogar an einer Brauereiführung teilzunehmen. Informationen über www.kloster-weltenburg.de und www.klosterschenke-weltenburg.de.

Wie ihren Augapfel hütet Christl Probst das Kochbuch von Großmutter und Mutter, nach dem sie heute noch kocht. Von jeher war der weiße, frisch gestochene Spargel eine Delikatesse in Abensberg. Auch heute kann man es im Frühjahr kaum erwarten, bis die zarten Stangen auf den Markt kommen.

Seit fast 300 Jahren wird im Sandgürtel im Landkreis Kelheim Spargel angebaut und seit 1995 existiert die Erzeugergemeinschaft des Abensberger Qualitätsspargels. Feinschmecker und Liebhaber dieser wohlschmeckenden Stangen fiebern jährlich aufs Neue dem ersten offiziellen Spargelstich entgegen, der zumeist Mitte April stattfindet.

Spargel-Eier-Auflauf

Für 4 Portionen

1 kg Spargel | 1 TL Zucker | 1 TL Butter | 4 Eier, hart gekocht | 20 g Butter für die Form | 100 g Sauerrahm | 125 ml Milch | 1 Ei | Salz und schwarzer Pfeffer aus der Mühle | 2 EL frisch geriebener Emmentaler | 2 EL Semmelbrösel | 3 EL Butter | 4 Petersilienstängel

- Den Backofen auf 225 °C vorheizen.
- Den Spargel sorgfältig schälen und die Enden großzügig abschneiden. Die Stangen in 5 cm lange Stücke schneiden und in sprudelnd kochendem Salzwasser mit dem Zucker und der Butter 8–10 Minuten blanchieren. Herausnehmen und in einem Durchschlag abtropfen lassen.
- Die Eier pellen und in Scheiben schneiden. Eine Auflaufform mit der Butter ausstreichen. Abwechselnd Spargelstücke und Eischeiben einschichten. Mit Spargel abschließen.
- Den Sauerrahm mit der Milch und dem Ei verschlagen und mit Salz und Pfeffer würzen. Die Mischung über den Spargel gießen. Mit dem Käse und den Semmelbröseln bestreuen. Die Butter in Flöckchen darüber verteilen.
- Im heißen Ofen 30 Minuten überbacken. Auf vorgewärmten Tellern anrichten und mit Petersilie dekorieren.
- Christl Probst reicht dazu frisch aufgebackenes Stangenweißbrot oder Tomatensauce und Kartoffelpüree.

16

Junge Wirtin, altes Gemäuer

**Michaela Rohmann
im Alten Bräuhaus in Passau**

Adresse
Altes Bräuhaus
Bräugasse 5
94032 Passau
Telefon +49 851 4905252
E-mail:
wirtshaus@altes-braeuhaus.de
www.altes-braeuhaus.de

Öffnungszeiten
Täglich von 11.00–1.00 Uhr
Kein Ruhetag

Hinweis
Bis auf das Albertistüberl, in welches Treppen führen, sind alle Räume ebenerdig zu erreichen, ebenso die Sanitärräume. Kein Behinderten-WC!

Das altehrwürdige Gemäuer in der Passauer Altstadt hat eine wechselvolle Geschichte hinter sich, aber sicher noch nie eine so schwungvolle junge Wirtin erlebt wie Michaela Rohmann. Haxn, Schweinsbraten, Stammtisch und »a zünftige Musi« – das Alte Bräuhaus ist noch ein echtes bayerisches Wirtshaus mit ganz besonderem Charme.

»Wenn ich Blümchen auf den Tisch stelle, dann schauen sich die Stammgäste an und fragen ›wos hot'sn heit wieda‹ (hochdeutsch: was hat sie denn heute wieder)«, erzählt Michaela Rohmann in allerschönstem Niederbayerisch. Überflüssige Deko und Schnickschnack, das kommt gar nicht gut an und ist auch nicht ihr Stil. Ein einfaches, gemütliches Wirtshaus, in dem sich Einheimische, Studenten und Touristen gleichermaßen wohlfühlen, wo man Haxn und Schweinebraten und dazu ein gutes Bier bekommt – und das zu Preisen, die man sich leisten kann –, wo gutes Kabarett geboten wird und beim Jahresfest eine Blaskapelle aufspielt, das ist eher das Ding von Michaela Rohmann.

2009, blutjung noch, hat sie den Gasthof übernommen, obwohl sie nie eine Fachausbildung gemacht hat und auch sonst nicht vorbelastet ist. Vor ihrer Zeit als Wirtin arbeitete die gelernte Bürokauffrau bis 16 Uhr im Büro und danach als Aushilfsbedienung im Bräuhaus. »Als Ausgleich«, wie sie sagt. Stolz war sie dann schon, als die Vorbesitzer aufhörten und fragten, ob sie die Nachfolge antreten wolle. Da es immer ihr Plan war, sich irgendwann selbstständig zu machen, nahm sie das Angebot an. Ursprünglich, sagt sie, hatte sie an ein Café gedacht. Dass es gleich ein Wirtshaus mit 140 Plätzen drinnen und 120 im Biergarten werden würde, das hat selbst sie überrascht. Inzwischen hat sie den Betrieb gut im Griff.

Man sagt, dass es wohl dem guten Draht des Passauer Bischofs Albert II. »nach oben« zu verdanken sei, dass das Bräuhaus bei den großen Stadtbränden 1662 und 1680 verschont geblieben ist. Beide Male kamen die Flammen nicht über das Kloster Niedernburg hinaus.

Als »Schwemme« wird in bayerischen Traditionsgaststätten der Raum bezeichnet, in dem sich der Bierausschank befindet. Von jeher wird in dem größten, zumeist relativ einfach eingerichteten Raum das meiste Bier ausgeschenkt.

Das Alte Bräuhaus in Passau blickt auf eine lange Tradition zurück und auf eine sehr wechselvolle Geschichte. Die bedeutendste Rolle dürfte der Passauer Bischof Albert II. gespielt haben, der mit seiner neuen Zunftordnung den Bau der Brauerei mit Bräustube ermöglichte, die 1333 erstmals erwähnt wird. Die Brauerei wechselte mehrmals den Besitzer, bis sie vor die Tore der Stadt verlegt wurde und das Gebäude in der Bräugasse nur noch als Mälzerei diente. Nach dem Zweiten Weltkrieg beherbergte es eine Zuckerwarenfabrik, die, wie es in Passau immer wieder vorkommt, wegen Hochwasserschäden aufgegeben wurde. Danach war in dem Gebäude ein Knabeninternat untergebracht. Seit 1996 fließt wieder Bier in der Bräugasse, wenn auch kein Passauer Gerstensaft.

Michaela Rohmann schenkt Arcobräu aus dem gräflichen Brauhaus im Moos aus, denn die Brauerei ist der Hauptpächter des Wirtshauses direkt am Römerplatz und unweit des Donaukais. Hier sitzen im Sommer Touristen aus aller Welt bei Bier und Schweinsbraten und genießen die bayerische Gastlichkeit. Bis zur Donau hinunter ist alles abgesperrt, wenn im Bräuhaus das Jahresfest gefeiert wird. »Da rührt sich was«, sagt die Wirtin, die an diesem Tag bis zu 400 Gäste verköstigt und auch noch selbst Gstanzl singt. Am liebsten würde sie auch noch auf der Steirischen (Harmonika) aufspielen, aber zum Üben fehle die Zeit, meint sie bedauernd. Denn Michaela ist nicht nur Wirtin, sondern auch noch junge Mutter.

Richtig zünftig und gemütlich, so richtig nach ihrem Geschmack, wird es drinnen in der Wirtsstube, wenn ein Gast zur Gitarre oder zum Akkordeon greift, wenn aufgespielt und gesungen wird. Dann ist das Alte Bräuhaus das, was Michaela Rohmann vorschwebte, als sie den Gasthof übernahm: ein bodenständiges, gemütliches Wirtshaus mit guter bayerischer Küche – und sie als lässige, gestandene Wirtin mittendrin.

Ausflugstipp

Die Dreiflüssestadt Passau mit ihren vielen Sehenswürdigkeiten ist eigentlich schon der Ausflugstipp. Aber Michaela Rohmann kennt als gebürtige Passauerin Ecken, in die sich Touristen nur selten verirren. Sie empfiehlt einen Spaziergang durch den Passauer Stadtteil Hals an der Ilzschleife. Hier kann man am Ufer der Ilz einen Spaziergang machen oder durch den heimeligen kleinen Ortskern bummeln. Seit 1920 staut ein Wehr die Ilz und an warmen Tagen, sagt die Wirtin, springt auch sie gerne mal in den Stausee.

Klare Rinderbrühe mit Kaspressknödel

Für 4 Portionen

Für die Rinderbrühe: 1 kg Suppenknochen vom Rind | 100 g Karotten | 100 g Knollensellerie | 100 g Lauch | 1 Tomate | 1 Knoblauchzehe | 1 große Zwiebel | Salz und schwarzer Pfeffer aus der Mühle | frisch geriebene Muskatnuss | 1 Lorbeerblatt | 4–5 Wacholderbeeren

Für die Kaspressknödel: 1 kleine Zwiebel | 10 g Butter | 4 Semmeln | 200 ml Milch | 2 Eier | 200 g geriebener Emmentaler | Salz und schwarzer Pfeffer aus der Mühle | frisch geriebene Muskatnuss | 40 g Butterschmalz

Außerdem: Schnittlauchröllchen | Karottenwürfelchen

■ Reichlich Wasser zum Kochen bringen und die Rinderknochen darin kurz blanchieren. Das Wasser abgießen und die Knochen abspülen. Danach die Knochen mit kaltem Wasser aufsetzen, zum Kochen bringen, die Hitze reduzieren und etwa 4 Stunden köcheln lassen.

■ Danach das Gemüse putzen, waschen und in walnussgroße Stücke schneiden. Die ungeschälte Zwiebel halbieren und auf einer Herdplatte dunkelbraun werden lassen. Die Gemüsestücke und die Zwiebel hinzufügen. Weitere 2 Stunden köcheln lassen. Anschließend die Gewürze dazugeben. Erneut 1 Stunde ziehen lassen. Zum Schluss abschmecken und durch ein Tuch passieren.

■ Für die Knödel die Zwiebel schälen und fein hacken. Die Butter in einer Pfanne zerlassen und die Zwiebeln glasig anschwitzen. Die Semmeln in nicht zu feine Scheiben schneiden, mit der Milch aufgießen und die Gewürze hinzufügen. Die Zwiebeln dazugeben und das Ganze ziehen lassen. Sobald die Masse abgekühlt ist, die Eier und den Käse hinzufügen und alles durchkneten. Anschließend aus der Masse Knödel formen und diese platt drücken. Das Butterschmalz zerlassen und die Knödel von beiden Seiten goldbraun braten.

■ Die Knödel mit Schnittlauchröllchen und Karottenwürfelchen bestreuen und in der heißen Brühe servieren.

Im Bräuhaus kommen auch Weintrinker nicht zu kurz. Die Weinkarte reicht das Personal auf Wunsch separat zur Speisekarte.

Knusprige Schweinshaxn in Dunkelbiersauce mit Reiberknödel und Speckkrautsalat

Für 4 Portionen

Für die Haxn: 4 hintere Schweinshaxn à 800 g | Salz und schwarzer Pfeffer aus der Mühle | getrockneter Majoran | gemahlener Kümmel | 2 große Metzgerzwiebeln | 500 ml dunkles Bier | 3 EL Sonnenblumenöl | 50 g Mehl Type 405 | 1 Knoblauchzehe, geschält

Für die Knödel: 1,2 kg mehligkochende Kartoffeln | 1 Ei | Salz

Für den Speckkrautsalat: 1 mittelgroßer Kopf Weißkraut | Salz | 80 g Speckwürfel | Sonnenblumenöl | Essig | Kümmelsamen | Zucker | weißer Pfeffer aus der Mühle

Die größte Kunst eines Kochs ist, die Kruste der Schweinshaxn kross zu braten. Dafür braucht man eine kräftige Hitze von oben. In der Profiküche geht das mit dem Salamander. Zuhause schaltet man am besten kurz den Grill ein.

■ Den Backofen auf 170 °C vorheizen.

■ Die Schweinshaxn mit Salz, Pfeffer, Majoran und Kümmel einreiben.

■ Die Zwiebel schälen und in walnussgroße Stücke schneiden. Die Zwiebelstücke auf ein Blech geben, die Haxn darauflegen und insgesamt 1 Stunde garen. Nach 1 Stunde 500 ml heißes Wasser und das Bier hinzufügen. Weitere 30 Minuten schmoren. Dann die Backofentemperatur auf 250 °C erhöhen und 10 Minuten braten.

■ Nun das Blech herausnehmen und die Flüssigkeit in einen Topf geben. Die Haxn zurück in den warmen Ofen geben und ruhen lassen. Die Flüssigkeit mit einer Mischung aus Öl und Mehl abbinden, mit der durch die Presse gedrückten Knoblauchzehe, Majoran, Kümmel und Pfeffer abschmecken und danach durch ein grobes Sieb passieren.

■ Für die Knödel etwa ein Drittel der Kartoffeln kochen, pellen und fein reiben, die restlichen Kartoffeln schälen, fein reiben, auspressen und das Wasser auffangen. Die Stärke sich absetzen lassen und das Wasser wegschütten.

■ Die rohen und die gekochten Kartoffeln mit dem Ei und der Kartoffelstärke gut durchkneten, mit Salz würzen, aus der Masse Knödel formen und diese in reichlich kochendes Salzwasser legen. Die Hitze reduzieren und die Knödel etwa 30 Minuten ziehen lassen.

■ Das Weißkraut in Streifen schneiden und salzen. Den Speck mit dem Öl in einer heißen Pfanne anbraten und zum Kraut dazugeben. Mit Kümmel, Zucker und Pfeffer würzen. Eine große Tasse warmes Wasser und den Essig dazugeben, durchkneten, bis das Kraut weich wird, abschmecken und ziehen lassen.
■ Die Schweinshaxn mit Sauce und Knödel servieren. Den Krautsalat getrennt reichen.

Saures Züngerl

Für 8 Portionen

700 g Kalbslunge | 700 g Kalbsherz | 2 Zwiebeln, geschält | 2 Lorbeerblätter | 2 TL schwarze Pfefferkörner | 2 TL Wacholderbeeren | 1 TL Senfkörner | 5 Essiggurken | 250 ml Essig | Zucker | 3 EL Butter | 4 EL Mehl Type 405

■ Lunge und Herz in kochendes Wasser geben und mit 1 halbierten Zwiebel, 1 Lorbeerblatt, jeweils der Hälfte der Pfefferkörner und Wacholderbeeren sowie den Senfkörnern 2 Stunden weich kochen.
■ Lunge und Herz in kleine Würfel schneiden und mit der restlichen, fein gehackten Zwiebel, den Essiggurken und den restlichen Gewürzen in Essig und 750 ml Wasser einlegen, leicht zuckern und drei Tage ziehen lassen.
■ Die Butter in einem Topf zerlassen, das Mehl dazugeben und eine dunkle Mehlschwitze herstellen. Dann das Fleisch mit dem Fond dazugeben und 30 Minuten köcheln lassen. Nochmals abschmecken.
■ Das Saure Lüngerl in tiefen Tellern anrichten. Traditionsgemäß wird dazu pro Portion ein Semmelknödel, der meist mit Schnittlauchröllchen dekoriert ist, gereicht.

Eine ganze Weile waren Innereien nicht besonders angesehen. Zum Glück hat sich das geändert. Das Saure Lüngerl ist ebenso wie die Schweinshaxn oder der Schweinsbraten Bestandteil der urbayerischen Küche.

17

An der schönen blauen Donau

Rose Marie Wenzel
im Café Conditorei Wiedemann in Deggendorf

Adressen
Café Conditorei Wiedemann
Luitpoldplatz 5–7
94469 Deggendorf
Telefon: +49 991 6767
Fax: +49 991 6711
E-Mail: info@cafe-wiedemann.de
www.cafe-wiedemann.de

Öffnungszeiten
Mo–Sa 8.00–18.00 Uhr
So und an Feiertagen
10.00–18.00 Uhr
Kein Ruhetag

Hinweis
Das Café ist barrierefrei, die WCs sind für Rollstuhlfahrer nicht geeignet

Die süßesten Verführungen der Stadt sind mit dem Namen von Rose Marie Wenzel verbunden. Im Herzen von Deggendorf, direkt am historischen Luitpoldplatz, erfüllt sie nicht nur die süßen Träume ihrer Gäste.

Ob morgens, mittags oder abends, im Café Wiedemann ist immer Betrieb. Man trifft sich zum Frühstück, später zu einem leichten Mittagessen, natürlich zur nachmittäglichen Tortenschlacht und am frühen Abend zu einem »Sundowner« mit Blick auf den schönen Stadtplatz. Denn das Café Wiedemann ist mehr als eine »Conditorei«. Es ist ein Speisecafé und das hat Tradition.

Schon 1935 feierte die »Weinstube zum Lebzelter« im Café Wiedemann Eröffnung und erinnerte daran, dass sich in dem Haus am Luitpoldplatz 5 schon im 17. Jahrhundert eine Lebzelterei und Kerzenzieherei befanden. Nach den Wirren des Zweiten Weltkrieges erlebte das Deggendorfer Caféhaus seine wohl »wildesten« Zeiten. Die umgestaltete Weinstube wurde eine weithin berühmte Tanzbar. Nach einer Erweiterung in den 1950er-Jahren war das Lokal der »Hotspot« der vergnügungslustigen Nachkriegsgeneration. Es war das modernste Tanzcafé Niederbayerns mit 220 Plätzen und der heißesten Musik der Zeit.

Inzwischen sind die Zeiten ruhiger geworden. Doch das Wiedemann ist immer noch ein Treffpunkt und ein stattlicher Betrieb mit 100 Plätzen innen und 120 draußen. Die wollen erst einmal bewirtschaftet sein. Seit 1995 ist das Café in der Hand der Familie Wenzel. Hier am Deggendorfer Stadtplatz hat sich Rose Marie Wenzel schon vor der Übernahme des Traditionshauses einen Namen gemacht. Gemeinsam mit ihrem Mann führte sie zuerst das Stadtcafé, nur 250 Meter von ihrem jetzigen Domizil entfernt.

Die reiche Auswahl an selbst gemachten Pralinen bietet sich immer wieder als Geschenk oder Mitbringsel an – besonders, wenn sie so liebevoll verpackt sind.

Die Kuchen und das Gebäck aus der Backstube im ersten Stock sind konkurrenzlos köstlich, ganz zu schweigen von den 30 bis 40 Sorten hausgemachter Trüffeln, den selbst hergestellten Schokoladenhasen und Nikoläusen. Alle Figuren werden in der Konditorei noch von Hand gegossen. Auch die selbst gemachten Marmeladen und Gelees sind eine Spezialität, die nicht nur die Deggendorfer gerne kaufen.

Von der Pasta bis zum Apfelstrudel ist alles hausgemacht, versichert die Wirtin. Apropos Apfelstrudel: Er wird nach einem alten Rezept der Mutter von Rose Marie Wenzel hergestellt, mit einem Eier-Sahne-Guss und ausschließlich mit Boskop-Äpfeln aus Lalling. Insider wissen, Obst aus dem Lallinger Winkel kommt immer von naturbelassenen Streuobstwiesen und zählt zum Besten, was Niederbayern kulinarisch zu bieten hat. Allerdings gibt es diesen Apfelstrudel nur, solange der Vorrat an Boskop-Äpfeln reicht. Hausgemachte Lasagne und Tagliatelle sind allerdings rund ums Jahr im Angebot, je nach Jahreszeit auch »bunte Nudeln« mit Bärlauch, Rucola oder Roter Bete. Zahlreiche frische Salate und täglich ein vegetarisches Gericht sind Standard auf der Speisekarte.

Das Café Wiedemann beeindruckt nicht nur mit einer reichhaltigen Kuchenauswahl. Auf Bestellung liefert es auch traumhafte Hochzeitstorten und auf Wunsch sogar das gesamte Catering für die Feier.

Wirtin wurde Rose Marie Wenzel aus Liebe zu ihrem Mann, der ein kleines Lokal führte, als sie ihn kennenlernte. Für ihn gab sie ihren Beruf als pharmazeutisch-kaufmännische Assistentin auf und machte eine Ausbildung zur Köchin und Hotelfachfrau. Denn was sie auch anpackt, macht sie gründlich.

Aber sie kann auch loslassen. Das Ruderhaus an der Donau, in dem sie zehn Jahre lang Wirtin war, hat sie wieder aufgegeben. Doch ihre Liebe zur Donau bleibt. Jetzt hat sie mehr Zeit, am Donauufer spazieren zu gehen und die zur Landesgartenschau neu angelegten Donauauen zu genießen.

Ausflugstipp

Die älteste Bärwurzbrennerei im Bayerischen Wald befindet sich nur wenige Kilometer außerhalb Deggendorfs nahe der Ruselstraße Richtung Regen. Dort wird das Nationalgetränk der Waldler gebraut. Alles über seine Herstellung und Wirkung erfährt man bei einer Besichtigung der Brennerei und des kleinen Museums. Information über www.eckert-baerwurz.de.

Milchrahmstrudel

Für 6–8 Portionen
Für den Strudelteig: 300 g Mehl Type 405 | Salz | 40 ml Pflanzenöl | 1 Ei | etwa 125 ml lauwarmes Wasser
Für die Füllung: 1,5 kg Äpfel (Boskop), geschält, geviertelt, entkernt und das Fruchtfleisch in feine Scheiben geschnitten | 250 g Sauerrahm | Zitronensaft | 100 g Zimtzucker
Außerdem: Butter
Für den Milchrahmguss: 6 Eier | 160 g Zucker | 200 g Milch | 200 g Sahne | 1 Prise Salz

- Für den Strudelteig das Mehl auf eine Arbeitsfläche sieben, in der Mitte eine Mulde formen. Eine Prise Salz, Öl, Ei und Wasser hineingeben und alles gut durchmischen, bis ein glatter Teig entstanden ist.
- Den Teig mit den Händen so lange kneten, bis er sich von der Arbeitsfläche leicht lösen lässt. Mit einem Tuch abdecken und 30 Minuten ruhen lassen.
- Anschließend den Strudelteig auf einem mit Mehl bestreuten Küchentuch ausrollen und hauchdünn auseinanderziehen. Großzügig mit zerlassener Butter bestreichen.
- Die Äpfel mit Sauerrahm und ein wenig Zitronensaft mischen, auf dem Teig gleichmäßig verteilen und mit Zimtzucker bestreuen.
- Den Strudel mithilfe des Küchentuchs aufrollen und in eine mit Butter ausgestrichene Reine legen. Danach nochmals mit zerlassener Butter bestreichen.
- Den Backofen auf 200 °C vorheizen.
- Für den Guss die genannten Zutaten miteinander verrühren. Die Hälfte davon über den Strudel gießen.
- Nun den Strudel im heißen Ofen etwa 20 Minuten anbacken. Dann nach und nach den restlichen Guss hinzufügen und den Strudel fertig backen.

Der Milchrahmstrudel ist ein Klassiker der Wiener Mehlspeisenküche. Eine der ältesten Erwähnungen des Rezepts stammt von 1842.

Mit einem beherzten Knödelwurf, so erzählt man sich, haben die Deggendorfer im 13. Jahrhundert feindliche Belagerer aus Böhmen vor ihrer Stadt vertrieben. Heute nennt sich Deggendorf stolz Knödelstadt.

Süße Deggendorfer Knödel

Ergibt 10 Stück

Für die Buttercreme: 250 g weiche Butter | Salz | Mark von 1 Vanilleschote | 2 Eier | 100 g Zucker

Außerdem: 500 g frische Früchte, gewürfelt, oder 500 g Fruchtcocktail (Dose) | 1 heller Biskuitboden, eine Hälfte grob gewürfelt, die andere fein zerbröselt | ½ dunkler Biskuitboden, grob gewürfelt | Likör nach Belieben | Läuterzucker | Puderzucker

■ Für die Buttercreme die Butter mit einer Prise Salz und dem Vanillemark schaumig rühren. Die Eier mit dem Zucker über einem heißen Wasserbad warm und kalt schlagen, dann unter die Buttermasse mischen.

■ Die Früchte abtropfen lassen (falls eine Dose verwendet wird) und klein schneiden. Den Saft dabei auffangen und mit Likör und Läuterzucker aromatisieren. Die Biskuitwürfel damit leicht tränken, die Früchte und die Buttercreme hinzufügen und alles locker miteinander vermengen. Aus dieser Masse kleine Knödel formen und in den feinen Biskuitbröseln wälzen. Die Knödel kalt stellen und vor dem Servieren mit Puderzucker bestäuben.

Pasta mit Spargel

Für 4 Portionen

200 g weißer Spargel | 200 g grüner Spargel | 250 g Butter | ½ Biozitrone in Scheiben | 1 TL Salz | 1 TL Zucker | Kümmelsamen | 250 g Sahne | Salz und schwarzer Pfeffer aus der Mühle | 500 g Rüscherlnudeln | 300 g Kirschtomaten | 40 g frisch geriebener Parmesan

Außerdem: frisch gehobelter Parmesan | Rucolablätter

Hausgemachte Pasta, von Bandnudeln bis zu gefüllten Nudelvariationen, sind die Spezialität des Hauses. Der Grund: bayerischer Strudelteig und Nudelteig sind nicht weit voneinander entfernt. Hausgemachte Bandnudeln haben auch auf bayerischen Bauernhöfen Tradition.

- Den weißen Spargel schälen, die Enden abschneiden, kalt abspülen und in 5 cm lange Stücke schneiden. Vom grünen Spargel nur das untere Drittel schälen, die Enden abschneiden, kalt abspülen und in 5 cm lange Stücke schneiden.
- 1 l Wasser in einem Topf zum Kochen bringen. Butter, Zitronenscheiben, Salz, Zucker und Kümmel hinzufügen. Die Spargelstücke dazugeben. in etwa 10 Minuten bissfest garen (Achtung: der grüne Spargel benötigt eine kürzere Kochzeit!). Mit einem Schaumlöffel herausnehmen und unter fließendem kaltem Wasser abschrecken.
- Den Spargelsud mit der Sahne einkochen lassen. Mit Salz abschmecken.
- Reichlich Salzwasser in einem großen Topf zum Kochen bringen und die Nudeln bissfest kochen. Auf einem Durchschlag abgießen und abtropfen lassen. Die Nudeln in den eingekochten Spargelfond geben, die Spargelstücke unterheben, die Kirschtomaten hinzufügen und das Ganze mit dem Parmesan vermengen.
- Die Nudeln auf tiefen Tellern anrichten und mit Parmesanspänen und Rucola dekorieren.

18

Landlust in Niederbayern

Henrike Winbeck
im Landgasthof Winbeck in Holzham

Kurgäste, Golfer, Wanderer und Radler gehören zum Stammpublikum im Gasthof Winbeck. Die vorzügliche Küche dieses Traditionsgasthauses ist im gesamten niederbayerischen Bäderland ein Begriff.

In der Mitte zwischen Bad Birnbach und Bad Griesbach, eingebettet in sanfte Hügel und grüne Wiesen, liegt der Weiler Holzham. Er besteht aus kaum mehr als fünf Häusern, einer kleinen Kapelle und einem stattlichen Wirtshaus, das heute in der vierten Generation von Henrike Winbeck geführt wird.

Als vor über 200 Jahren dem bäuerlichen Anwesen das Schankrecht verliehen wurde, war die Welt in Niederbayern noch in Ordnung: Der Wirt war der Wirt und die Frau werkelte in der Küche. Und in dieser begann Seniorchefin Martha Winbeck schon als Sechsjährige ihre Karriere. Sie hat das Kochen von der Mutter gelernt und den Gasthof von den Eltern übernommen. Damals noch eine einfache Bauernwirtschaft, war der Haupterwerb die Landwirtschaft. Ein frisch gezapftes Bier gab's, eine Brotzeit, und das war's auch schon. Groß aufgekocht wurde nur zu besonderen Gelegenheiten: an Kirchweih, zu Hochzeiten oder wenn es Märzenbier gab.

In den 1970er-Jahren sprudelte dann das Thermalwasser im ländlichen Idyll. Rings um den Weiler Holzham entstanden die niederbayerischen Bäder. Und da wäre es dumm gewesen, sich der Entwicklung nicht anzuschließen. Die Winbecks investierten in Gästezimmer anstatt in die Landwirtschaft. Die Kühe im Stall wurden weniger, die Gäste mehr.

Der Gasthof neben der kleinen Kapelle ist heute eine in weitem Umkreis bekannte Speisegaststätte. Dieses vielleicht etwas altmodische Wort beschreibt am besten den Stil des Hauses. Die alte

Adresse

Landgasthof Winbeck
Holzham 5
94137 Bayerbach
Telefon +49 8532 925880
Fax: +49 8532 9258830
E-Mail:
info@landgasthof-winbeck.de
www.landgasthof-winbeck.de

Öffnungszeiten

Mo–Sa ab 7.00 Uhr durchgehend geöffnet
So Ruhetag
Betriebsurlaub: zwei Wochen vor Weihnachten

Hinweis

Das Restaurant ist barrierefrei, nicht aber der Bereich der Gästezimmer.

Vom Landgasthof im ländlichen Idyll sind es nur wenige Kilometer zu den umliegenden Golfplätzen. In unmittelbarer Umgebung befindet sich eines der größten zusammenhängenden Golfresorts Europas.

Nur am Sonntag bleibt die lichte Gaststube leer. Dann ist Ruhetag auch für die Wirtin.

Gaststube, die früher dunkel und verräuchert war, ließ Henrike Winbeck ganz in Weiß einrichten. Die Gäste sollen sich in diesem lichten Ambiente wohlfühlen und sie tun das offensichtlich auch. Bereits abends um sechs herrscht Hochbetrieb. Golfer, Kurgäste, Wanderer und Radler schätzen die ausgezeichnete Küche. Riesige Forellen werden aufgetragen. Aus der Küche duftet es nach Bratkartoffeln und Fleischpflanzerl, die groß sind und kross gebraten. Das Holzhamer Hausgeheimnis, Schweinefilet mit Champignonrahmsauce und mit Käse überbacken, hätte die Wirtin schon längst gerne von der Karte genommen, aber die Stammgäste verlangen immer wieder danach. Schon ein wenig stolz sind Henrike Winbeck und Mutter Martha, die immer noch kräftig in der Küche mithilft, auf die vielfachen Auszeichnungen beim jährlichen Wettbewerb Bayerische Küche.

Die gelernte Hotelfachfrau legt großen Wert auf regionale Produkte. Vieles bezieht sie von Plinganser Betrieben und unterstützt damit diese regionale Initiative aus dem nahen Rottal. Auf den Feldern des ehemaligen landwirtschaftlichen Betriebes wächst Wald für die Hackschnitzelheizung des Landgasthofes und die Solaranlage auf dem Dach produziert »grünen« Strom.

Die Umwelt ist der jungen Gastronomin Henrike Winbeck ein Anliegen. Sie lacht ob der Frage, ob das hier noch lange eine reine Weiberwirtschaft bleiben wird. »Ein Partner, wenn er nicht aus der gleichen Branche kommt, muss jedenfalls viel Verständnis mitbringen«, sagt sie. Wirtin wird sie aber auf jeden Fall bleiben.

Ausflugstipp: Sammarei

Niederbayern ist reich an Barock. Diese kleine Marien-Wallfahrtskirche ist ein Glanzstück frühbarocker Kunst. Das Herzstück bildet die Gnadenkapelle mit einem Marienbild (das eine Verwandtschaft mit dem Mariahilfbild von Lucas Cranach zeigt) und mit 1300 Votivbildern aus vier Jahrhunderten. Wundern sollte man sich nicht über den exotischen Namen Sammarei, er ist nichts anderes als eine volkstümliche Abwandlung von Sancta Maria – Sankt Marei – Sammarei. Informationen über www.wallfahrtsland-sammarei.de.

Bürgermeisterbraten

Das Bürgermeister- oder Pastorenstück aus der Rinderhüfte trägt diesen Namen, weil die Metzger es früher für diese Herren zu reservieren pflegten.

Für 4 Portionen

1 kg gut abgehangenes Bürgermeisterstück | Salz und schwarzer Pfeffer aus der Mühle | 1 EL getrockneter Rosmarin und Thymian, gemischt | 1 Zwiebel | 2 Karotten | ½ Knollensellerie | 4–5 große Suppenknochen vom Rind, klein gehackt | 4 EL Butterschmalz | 500 ml Rinderbrühe | 250 ml Rotwein | 1–2 TL Speisestärke nach Belieben

■ Das Fleisch waschen und trocken tupfen. Mit Salz und Pfeffer sowie Rosmarin und Thymian einreiben.

■ Die Zwiebel schälen und grob hacken. Die Karotten und den Knollensellerie schälen und in nicht zu kleine Stücke schneiden. Die Knochen waschen und trocken tupfen.

■ Das Butterschmalz in einer Reine zerlassen und das Fleisch rundum anbraten. Die Zwiebeln und das Gemüse sowie die Knochen dazugeben und ebenfalls kräftig anrösten. Von der Kochstelle nehmen.

■ Den Backofen auf 180 °C vorheizen. Das Fleisch im heißen Ofen 3 Stunden schmoren, dabei immer wieder wenden und nach und nach mit der Rinderbrühe und dem Rotwein aufgießen.

■ Wenn das Fleisch weich ist (Garprobe machen!), den Braten aus der Reine nehmen und in Alufolie verpackt ruhen lassen. Die Sauce mit dem Bratensatz aufkochen lassen, gegebenenfalls mit weiterer Brühe aufgießen und, falls erforderlich, mit etwas Speisestärke binden. Die Sauce noch einmal abschmecken.

■ Das Fleisch in Scheiben schneiden, auf vorgewärmten Tellern anrichten und mit der Sauce umgießen. Dazu schmecken bei Henrike Winbeck Serviettenknödel und Wirsinggemüse.

Martha Winbeck, noch bis vor einigen Jahren gemeinsam mit Henrike zuständig für das Wohl der Gäste im Landgasthof, hat das Zepter mittlerweile an die Tochter übergeben. Doch die tatkräftige Unterstützung der Mutter ist immer noch sehr willkommen.

Bischofshof

19

Oberpfälzische Gastlichkeit

Anna-Maria Fleischmann in den Bischofshof Braustuben in Regensburg

Adresse
Bischofshof Braustuben
Dechbettener Str. 50
93049 Regensburg
Telefon: +49 941 2082170
Fax: +49 941 20821740
E-Mail:
info@bischofshof-braustube.de
www.bischofshof-braustube.de

Öffnungszeiten
Di–So 10.00–22.00 Uhr
(warme Küche bis 21.00 Uhr)
Mo Ruhetag
Im Januar und Februar an Sonn- und Feiertagen von 10.00–17.00 Uhr geöffnet

Hinweis
Das Restaurant ist ohne Einschränkung barrierefrei, auch die Sanitärräume sind für Rollstuhlfahrer geeignet.

Die Bischofshof Braustuben sind in ihrer Gesamtheit ein bayerisches Wirtshaus, das diesen Namen verdient. Schafkopfspieler wie Musikanten haben hier eine Heimat und das Bier wurde schon vor dem Reinheitsgebot nach festen Regeln gebraut.

Die Geschichte der Brauerei Bischofshof ist fast so alt wie die der Welterbestadt Regensburg. Gegründet wurde das Brauhaus bereits 1649 im Schatten des Regensburger Doms St. Peter und bis heute ist der Bischof der oberste Dienstherr. Allerdings gab es in der Umgebung der historischen Bauwerke keinen Platz, an dem sich die Brauerei ausdehnen konnte. Deshalb wurde die Braustätte zwischen 1908 und 1910 in den Westen der Stadt, in den Stadtteil »Margaretenau«, verlegt. Parallel dazu entstand wohl auch das Gebäude, in dem heute Anna-Maria Fleischmann die Chefin ist: die Braustuben. In unmittelbarer Umgebung befinden sich Gründerzeit- und Jugendstil-Villen und Häuser, die aufwendig und liebevoll restauriert sind. Auch sie gehören zum denkmalgeschützten Inventar der Stadt Regensburg. Wie gut, dass es gerade hier die ursprüngliche Oberpfälzer Gastfreundschaft gibt mit bodenständiger, guter Küche!

Zu Fuß ist das Reich der gebürtigen Schwandorferin nur 15 Minuten vom Zentrum entfernt. Obwohl Anna-Maria Fleischmann nun schon seit über zehn Jahren Wirtin in Regensburg ist, lebt sie nach wie vor in ihrer Heimatstadt. »Der Unterschied sind Welten«, sagt die Frau mit der tiefen, ruhigen Stimme, die erst mit 42 Jahren ins Gastronomiegeschäft eingestiegen ist – obwohl sie es doch eigentlich in den Genen hat. Als Kind war sie schon oft und gerne im Brauereigasthof der Tante und als junge Frau wünschte sie sich eine kleine Pension. Jetzt hat die gelernte Finanzbuchhalterin ein

Biergärten entstanden schon früh direkt bei den Brauereien, denn um das Bier zu kühlen, pflanzte man auf den Kellern Kastanien. Und wo lässt sich ein Bier besser genießen als im Schatten alter Kastanien?

kleines Dreisternehotel und eine Wirtschaft mit summa summarum 160 Plätzen plus Biergarten im Sommer.

Die Quereinsteigerin arbeitete aber schon während ihrer Lehre in der Gastronomie – »als Ausgleich zum Bürojob«, wie sie sagt. Als ihr Sohn mit der Kochausbildung fertig war, da gab es auch für Anna-Maria Fleischmann keinen Grund mehr, ihre vorherige Firma, die sie mit 29 gegründet hatte, weiter zu betreiben. Mutter und Sohn verdingten sich gemeinsam und mit ihrem Team übernahmen sie 2013 die Bischofshof Braustuben. Frischer kommen die bewährten Biersorten der Traditionsbrauerei wohl nirgendwo ins Glas. Der Zapfhahn reicht zwar nicht bis zur Brauerei hinüber, aber die Fässer im Keller sind gut gefüllt mit Bischofshof Urhell und Pils, mit Hefe-Weißbier hell und dunkel, dem naturtrüben Zoigl-Bier und vielen anderen Bierspezialitäten. Dazu gibt es deftigen Schweinebraten, Bierstuben-Reindl, aber auch frische Oberpfälzer Fische, Regensburger Wurst mit Zwiebel, Essig und Öl, Saure Zipfl oder Schweinsbratwürstl mit Kraut und Bauernbrot. Ob Knödel, Bratkartoffeln oder Kartoffelsalat, alles wird frisch hergestellt, betont die Wirtin in astreinem Oberpfälzisch. Ganz nebenbei kann man

Die Bischofshof Braustuben sind die »bürgerliche« Version des berühmten Bischofshofs, der sich in der Stadtmitte, direkt neben dem Dom, befindet. Doch aus den Zapfhähnen fließt hier wie dort das gleiche Bier.

ihren Dialekt beim Studium der Speisekarte üben: zwoa Boa sauana Zipfl mid Bauanbroud (Hochdeutsch: zwei Paar saure Zipfl mit Bauernbrot) – ganz wichtig für die Oberpfalz: das »ou«! Aber zum Glück steht auch alles in Hochdeutsch auf der Karte.

Die Heimatverbundenheit der Wirtin zeigt sich auch in der Offenheit des Wirtshauses für die Musikanten, die sich hier regelmäßig treffen und aufspielen. Auch das Regensburger Literaturbrettl hat hier seine Heimat und präsentiert in regelmäßigen Abständen Literaten nicht nur aus der Oberpfalz.

Sogar die Römer sollen in Regensburg schon auf den Biergeschmack gekommen sein. Archäologen fanden in dem 179 n. Chr. gegründeten Castra Regina (Regensburg) Reste einer römischen Brauerei, angeblich der ältesten Brauerei in Deutschland.

(Ausflugs-)Tipps

Wer nach Regensburg kommt, sollte sich Zeit nehmen, die Stadt zu entdecken. Getreu dem Motto »Man sieht nur, was man weiß«, ist es immer empfehlenswert, sich kundigen Führern anzuvertrauen. In Regensburg übernimmt das die »Stadtmaus« in vergnüglicher, aber doch informativer Form. Schauspieler machen Regensburger Stadtgeschichte lebendig und entführen in längst vergangene Zeiten.

Zu empfehlen ist auch eine Brauereiführung bei der Brauerei Bischofshof. Auch diese werden von der »Stadtmaus« durchgeführt. Nähere Informationen über www.bischofshof.de. Informationen zur »Stadtmaus« über www.stadtmaus.de.

Oberpfälzer Bierbratl

Für 4 Portionen

1 kg frischer Schweinebauch | Salz und schwarzer Pfeffer aus der Mühle | 750 g festkochende Kartoffeln | 2 große weiße Zwiebeln | 2 große Karotten | ½ mittelgroßer Knollensellerie | 3–4 Knoblauchzehen | 500 ml Gemüsebrühe | Kümmelsamen | Zucker | 500 ml dunkles Bier

■ Den Schweinebauch am Vorabend kräftig mit Salz und Pfeffer einreiben und kühl stellen.

■ Die Kartoffeln, Zwiebeln, Karotten und den Sellerie schälen und in walnussgroße Würfel schneiden. Die Knoblauchzehen schälen und in Scheiben schneiden.

■ Den Backofen auf 180 °C vorheizen.

■ Den Schweinebauch in eine große Bratreine mit der Schwarte nach unten legen, die Brühe angießen und abgedeckt 20 Minuten dämpfen. Anschließend den Schweinebauch herausnehmen und die Schwarte rautenförmig einschneiden.

■ Die Kartoffeln, das Gemüse und den Knoblauch in die Reine geben und leicht mit Salz, Pfeffer, Kümmel und Zucker würzen. Den Schweinebauch mit der Schwarte nach oben daraufsetzen und etwa 1 Stunde im heißen Ofen braten. Dabei mehrere Male mit dem dunklen Bier übergießen.

■ Zuletzt die Backofentemperatur auf 240 °C erhöhen oder, noch besser, die Grillfunktion aktivieren und das Fleisch auf einem separaten Backblech etwa 15 Minuten grillen, sodass eine resche Kruste entsteht.

■ Anschließend das Fleisch aus dem Ofen nehmen, kurz auf einem Schneidebrett ruhen lassen und dann in Scheiben schneiden. Die Scheiben auf das Kartoffel-Gemüse-Bett in der Reine legen und das Ganze frisch und heiß in der Reine an den Tisch bringen.

Was hat die Oberpfalz mit der Pfalz zu tun? Tatsächlich wurde dieses Gebiet einmal von der Kurpfalz, von Heidelberg aus, regiert und behielt den Namen als Regierungsbezirk später bei.

Kirschenmichel

Für 4 Portionen
6 altbackene Semmeln | 375 ml lauwarme Milch | 125 g zimmerwarme Butter | 5 Eigelb | 125 g Zucker | 2 Pck Vanillezucker | Salz | Zimtpulver | gemahlene Mandeln | 1 Glas Sauerkirschen (720 ml), entsteint | 5 Eiweiß
Außerdem: Butter für die Form | Puderzucker | Schokosauce (Glas)

- Die Semmeln in Scheiben schneiden und in eine Schüssel geben. Zum Einweichen mit der Milch übergießen.
- In der Zwischenzeit die Butter mit den Eigelben, etwa 80 g Zucker, 1 Prise Salz und 1 Msp Zimt schaumig rühren. Mit den eingeweichten Semmeln und gemahlenen Mandeln vermengen.
- Die Kirschen abgießen und sorgfältig abtropfen lassen. Unter die Auflaufmasse geben.
- Den Backofen auf 160 °C vorheizen.
- Das Eiweiß mit dem restlichen Zucker und dem Vanillezucker steif schlagen und behutsam unter den Teig heben. Eine Auflaufform mit Butter ausstreichen und den Teig hineinfüllen. Im heißen Ofen 50–60 Minuten backen. Mit Puderzucker bestäuben und mit Schokosauce dekorieren.
- Anna-Maria Fleischmann serviert den Kirschenmichel zusammen mit einer Kugel Eis und frischen Früchten der Saison.

Auch diese delikate Süßspeise zeugt wieder einmal von der Sparsamkeit und vom Erfindungsreichtum früherer Hausfrauen. Aus alten Semmeln zauberten sie vieles: vom Knödel bis zum süßen Auflauf. Noch besser wird der Kirschenmichel, wenn man ihn mit Hefezopf anstatt mit Semmeln zubereitet.

20

Kunst und Küche

Jutta Kolb
in den Münter Stuben in Kallmünz

Ihre kulinarische Heimat ist das Elsass, ihre Liebe gehört der Kunst, der Küche und den Menschen, denen sie mit großer Offenheit begegnet. Ihr 300 Jahre altes Haus schmiegt sich an einen Jurafelsen, und der blühende Felsengarten ist wie eine Leiter in den Himmel.

Die Farben, das Licht, die Lage des Ortes am Zusammenfluss von Naab und Vils haben seit jeher die Künstler angezogen. Im Sommer 1903 kamen Wassily Kandinsky und Gabriele Münter mit Fahrrad, Staffelei und Skizzenblock ins romantische Kallmünz. Im Gasthof Rote Amsel, nur wenige Meter von den Münter Stuben entfernt, bezogen sie Quartier und haben sich dort sogar verlobt. Bilder von Gabriele Münter, die in Kallmünz entstanden sind, sind heute im Lenbachhaus in München zu besichtigen.

Als Jutta Kolb vor 25 Jahren ihr »Traumhaus« entdeckte, benannte sie es sofort nach der Malerin, denn, so sagt sie, »vom Ruhm Kandinskys sprachen viele, doch wenige von Gabriele Münter«. Das ist typisch für die Kunstliebhaberin aus Baden, die nach anstrengenden Berufsjahren als Modedesignerin hier in der Oberpfalz eine Heimat fand. Bei Aenne Burda hatte sie die Verantwortung für den Schnittbereich Katalog, bei Rena Lange für das Modellatelier, Tätigkeiten, die mit vielen Reisen in die internationalen Modezentren verbunden waren.

Nach Kallmünz brachte sie so etwas wie Weltoffenheit und einen Hauch von Bohème, als sie beschloss, ihren Lebensmittelpunkt von München hierher zu verlegen. Sie eröffnete eine Galerie, organisierte Vernissagen und Lesungen. Sie volontierte bei einem französischen Spitzenkoch und brachte französisches Flair in die Oberpfalz. Denn eines war von vorneherein klar: den Geschmack ihrer Heimat, direkt an der französischen Grenze, den wollte sie nicht missen.

Adresse
Münter Stuben
Vilsgasse 31
93183 Kallmünz
Telefon: +49 9473 1480
E-Mail:
muenter-stuben@t-online.de
www.muenter-stuben.de

Öffnungszeiten
Fr auf Anfrage Sa ab 13 Uhr
Sonn- und Feiertage ab 12 Uhr;
unbedingt vorher anrufen

Hinweis
Das Haus ist nicht barrierefrei.

So wie an der Münter Stube fallen an vielen Häusern der winkeligen Gassen in Kallmünz Wandgemälde auf: Spuren ortsansässiger Maler des 18. Jahrhunderts.

Die Felsengärten schmiegen sich an den Burgberg, auf dem die bayerischen Herzöge um 1230 eine Wehranlage erbauen ließen, um den alten Erz- und Salzweg zwischen Amberg und Regensburg zu kontrollieren.

Unverzagt und energiegeladen meistert die resolute, inzwischen über Siebzigjährige alle Aufgaben bis heute. »Herausforderungen, für die man sich aus freien Stücken entscheidet«, sagt sie, »halten jung.« Stolz ist Jutta Kolb auf ihren Apfel-Ingwer-Strudel, die original französischen Tartes und Tartelettes, deren Rezepte sie zum Teil selbst entwickelt hat. Absolut original ist auch der Flammkuchenteig, der aus einem kleinen Biobetrieb im Elsass stammt.

Alle zwei Monate fährt sie selbst hin, um auch noch andere »Kleinigkeiten« – wie sie sagt – zu besorgen: französischen Ziegenkäse, original Senf und vieles, was den unverwechselbaren französischen Geschmack der Münter Stuben ausmacht. Auch die Einrichtung und das Flair des Lokals sind entsprechend. Erstaunlich, was Jutta Kolb in ihrer kleinen Küche auf zwei antiquarisch anmutenden Elektroherden alles zaubert. Früher wurde jedes Wochenende groß aufgekocht: Perlhuhn, Ente, köstliche Schmorbraten. Inzwischen beschränkt man sich im regulären Geschäft auf Kleinigkeiten, Flammkuchen und die herrlichen Kuchen. Aber auf Bestellung werden gerne weiterhin feine französische Menüs in stilvollem Ambiente serviert.

Da die Kunst immer Teil ihres Lebens war, veranstaltet Jutta Kolb weiterhin Lesungen und Ausstellungen, auch wenn ihre große Galerie nicht mehr existiert, da das Gebäude an einen Investor verkauft wurde. »Klein, aber fein geht auch«, sagt sie und wirkt weiter in ihrem originellen Reich, das mehr einem Salon als einem Restaurant gleicht.

Ausflugstipp

Erklimmen Sie den Schlossberg, das Wahrzeichen von Kallmünz. Ab dem Marktplatz ist der steile Weg zur Burg ausgeschildert. Oben angekommen, wird man mit einer fantastischen Aussicht über das Vils- und Naabtal belohnt. Je nach Zeit und Wanderlust kann man zurück den kurzen Weg von der Vorderseite der Ruine nach Kallmünz nehmen oder in einem längeren Bogen wandern. Dazu nimmt man den Weg hinüber auf den 453 Meter hohen Hirmersberg. Hier gibt es die für die Oberpfalz bekannten Trockenrasenflächen zu sehen. Hinunter wandert man auf dem Feldweg nach Zaar, einem kleinen Weiler von Kallmünz. Je nachdem wo man vom Höhenzug herunterkommt, geht man die letzten Meter auf dem Radweg wieder zurück nach Kallmünz.

Die Einrichtung mit Antiquitäten, die Jutta Kolb überall gesammelt hat, gleicht eher einem Wohnzimmer denn einem Wirtshaus und so fühlt man sich auch als Gast fast wie in einem Privathaus.

Bœuf Bourguignon

Für 6 Portionen

Für das Fleisch: 2 kg Rindfleisch (Nuss) allererster Qualität | 3 Zwiebeln (alternativ 6 Schalotten) | 4 Knoblauchzehen | Rapsöl | 2 EL Butter | Salz und schwarzer Pfeffer aus der Mühle | 350 ml Pinot blanc (Elsass) | Hühnerbrühe | 1 große Lauchstange | 1 Thymiansträußchen | 1 Petersiliensträußchen | 2 Lorbeerblätter | 200 g Crème fraîche

Für das Kartoffelgratin: 10 mittelgroße Kartoffeln | 1 Knoblauchzehe | 1 EL Butter | Salz und schwarzer Pfeffer aus der Mühle | frisch geriebene Muskatnuss | 250 g Sahne | 250 ml Milch

Für das Fenchelgemüse: 5 Fenchelknollen | Hühnerbrühe | 350 ml Riesling (Elsass; alternativ die restliche Flasche Pinot blanc)

■ Vorbemerkung: Kochen Sie am besten zuerst einen großen Topf Hühnerbrühe aus einem fetten Bauernhuhn, gewürfeltem Knollensellerie, Karottenstücken und dicken Lauchscheiben.

Auch bei Wein und Spirituosen bevorzugt die Gastgeberin Badisches und Französisches. Manchmal fährt sie selbst zu den Winzern und kauft ein. Viele der Spezialitäten ihrer Küche stammen auch original aus Frankreich.

■ Das Fleisch in 2 × 3 cm große Würfel schneiden. Die Zwiebeln schälen und fein hacken. Die Knoblauchzehen schälen.

■ Eine große Portion Öl und ein wenig Butter in einer Pfanne erhitzen und die Fleischwürfel in mehreren Portionen scharf anbraten.

■ Anschließend die Fleischstücke mit Salz und Pfeffer würzen. Die Zwiebeln und die durch Presse gedrückten Knoblauchzehen dazugeben. Mit Pinot blanc ablöschen. So lange schmoren, bis die Zwiebeln glasig sind. Dann das Ganze in einen großen Schmortopf umfüllen. So viel weiteren Wein und Hühnerbrühe angießen, dass das Fleisch nur noch aus der Flüssigkeit herausspitzt.

■ Die Lauchstange waschen, längs halbieren und in drei gleich große Stücke schneiden. Zusammen mit dem Thymian- und dem Petersiliensträußchen sowie den beiden Lorbeerblättern hinzufügen. Das Fleisch mindestens 1 Stunde bei niedriger Hitze und ohne Deckel köcheln lassen. Es sollte sich am Ende mit einer Gabel zerteilen lassen, aber trotzdem noch Biss haben. Nun die Kräutersträußchen und Lorbeerblätter herausnehmen, den größten Teil des Fetts abschöpfen, die Crème fraîche dazugeben und nochmals 30 Minuten köcheln lassen.

■ Für das Kartoffelgratin zuerst den Backofen auf 180 °C vorheizen. Die Kartoffeln schälen und mit dem Gemüsehobel in dünne Scheiben schneiden. Die Knoblauchzehe schälen. Eine feuerfeste Form großzügig mit der Butter ausstreichen und mit der durch die Knoblauchpresse gedrückten Knoblauchzehe ausreiben.

■ Nun die Form mit einer Schicht Kartoffelscheiben auslegen, mit Salz und Pfeffer und ein wenig Muskat würzen. In der Weise weiter verfahren, bis alle Kartoffelscheiben in der Form liegen. Zuletzt 200 g Sahne und die Milch darübergießen. Die oberste Lage Kartoffelscheiben sollte nicht in der Flüssigkeit liegen. Mit Alufolie abdecken und rund 90 Minuten im heißen Ofen garen. Am Schluss die Alufolie abnehmen, die restliche Sahne darübergießen und goldgelb fertig backen.

■ Die Fenchelknollen putzen, waschen und in ungefähr 1 cm dicke Scheiben schneiden. In Hühnerbrühe und Riesling weich dünsten.

■ Das Bœuf Bourguignon auf dem Teller anrichten, das Gratin und den Fenchel anlegen und servieren.

Hahn im Riesling

Für 4–6 Portionen

1 Hahn (1,5 kg) | 75 g Butter | 2 EL Pflanzenöl | Salz und schwarzer Pfeffer aus der Mühle | frisch geriebene Muskatnuss | 4 Schalotten | 1 Knoblauchzehe | 1 EL fein gehackte Petersilie | 1 Likörglas Cognac | 250 ml Riesling | 1 kleine Tasse Geflügelbrühe | 150 g Zuchtpilze | 1 EL Mehl Type 405 | 100 g Sahne | 1 Eigelb

■ Den Hahn absengen und ausnehmen, in gleich große Portionsstücke teilen.

■ Die Hälfte der Butter und das Öl in einem Schmortopf erhitzen und die Geflügelstücke leicht anbraten. Mit Salz, Pfeffer und Muskat würzen und weitere 5 Minuten braten.

■ Die Schalotten und die Knoblauchzehe schälen und fein hacken. Die Geflügelstücke mit Schalotten, Knoblauch und Petersilie bestreuen und leicht anschwitzen lassen.

■ Nun das Fleisch mit Cognac flambieren und mit dem Riesling und der Geflügelbrühe aufgießen. 30 Minuten bei niedriger Hitze schmoren.

■ In der Zwischenzeit die restliche Butter in einer Pfanne zerlassen. Die Pilze putzen und in Scheiben schneiden. In der zerlassenen Butter leicht anbraten und in den Schmortopf geben. Alles gut miteinander vermengen.

■ Zum Schluss Mehl, Sahne und das Eigelb miteinander verquirlen und über das Fleisch geben. Nicht mehr kochen! Nach Belieben nochmals mit den Gewürzen abschmecken.

■ Zu diesem Gericht, das ursprünglich aus dem Elsass kommt (dort allerdings ist es ein Coq au vin, zumeist mit Silvaner!), schmecken Nudeln hervorragend oder, eben auf elsässische Art, Spätzle.

»Coq au vin« – ein Klassiker der französischen Küche, hier in einer badisch-elsässischen Version. Die hohe Kunst der französischen Küche sind gehaltvolle Saucen. Auf die versteht sich Jutta Kolb besonders gut.

Kärntnerland

21

A bisserl wia dahoam

Susanne Stangl
in der Weiberwirtschaft in Kalsing

Adresse
d'Weiberwirtschaft
Kalsing 16
93426 Roding
Telefon: +49 9467 711409
Fax: +49 9467 711412
E-Mail:
info@dweiberwirtschaft.de
www.dweiberwirtschaft.de

Öffnungszeiten
Do und Fr ab 15.00 Uhr
Sa, So und an Feiertagen ab
10.00 Uhr und nach Vereinbarung

Hinweis
Das Erdgeschoss ist barrierefrei.
Ein behindertengerechtes WC
steht zur Verfügung.

Obwohl ganz neu gebaut, hat die Weiberwirtschaft in Kalsing den Charme vergangener Zeiten. Und obwohl Gründerin Monika Stangl schon längst zu neuen Zielen aufgebrochen ist, hat sich für die Gäste nicht viel verändert. Alt und Jung fühlen sich wie daheim. Dass es auch schmeckt wie daheim, dafür sorgt jetzt Tochter Susanne.

Eine Hügelkuppe mit einem Windrad, auf der ein Biobauernhof steht und von der aus die 80 Einwohner an klaren Tagen einen herrlichen Blick bis in den Bayerischen Wald hinein genießen können, das ist Kalsing. Und das Herz des Ortes ist d'Weiberwirtschaft.

Als das Wirtshaus 2001 seine Tür öffnete, war es auf einen Schlag voll und so ist das bis heute geblieben. Tochter Susanne ist heute die Wirtin im Dorfwirtshaus. Die selbstbewusste junge Frau ist gelernte Köchin und Küchenmeisterin. Schon als Jugendliche hat sie zusammen mit ihren Schwestern im Gasthaus mitgeholfen und ihre Begeisterung für den Beruf als Köchin entdeckt. Was die Mutter als Autodidaktin begann, wird jetzt von ihr professionell weitergeführt. Aber keine Angst, trotz hervorragender Ausbildung, auch zur Diätköchin, bleibt es in der Weiberwirtschaft bodenständig. »Die Grundrichtung ist bayerisch«, sagt die junge Wirtin, aber natürlich bringt sie ihre eigenen Ideen und Vorstellungen mit. So legt sie besonders großen Wert auf vegetarische Küche. Dementsprechend stehen immer saisonale vegetarische Gerichte auf der Speisekarte: Kürbis-Kartoffel-Gulasch oder Pilzrisotto im Herbst, Gnocchi mit frischen Kräutern oder frischer Spargel mit Sauce hollandaise im Frühjahr. Auch Mehlspeisen gehören zu ihrer Leidenschaft. Die Produkte, darauf legt die Köchin besonders viel Wert, bezieht sie soweit wie möglich direkt aus der Umgebung: vom Biobauern, vom nahe gelegenen Metzger und Bäcker und vom Ziegenhof.

Bayerische Küche steht im Vordergrund, doch mit der jungen Chefin sind auch neue Ideen in die Weiberwirtschaft eingezogen. So kann man bei Susanne Stangl zum Beispiel auch Kochkurse buchen.

Eingerichtet hat Monika Stangl das Wirtshaus noch. Und das Motto der Weiberwirtschaft »A bisserl wia dahoam« lässt sich an vielen liebevollen Details ablesen.

Immer noch sorgen viele fleißige Frauenhände für das Wohl der Gäste, die aus Regensburg, Deggendorf, ja sogar aus München den Weg bis in das abgelegene Kalsing finden. Aber auch die Dorfbewohner kehren nach wie vor gerne ein, denn das Wirtshaus ist und bleibt der Mittelpunkt der Ortschaft. Die Kalsinger können von Glück sagen, dass ihnen Monika Stangl das Wirtshaus gerettet und damit dem Dorf die Seele erhalten hat. Der alte Wirt hatte nämlich aufgegeben und die Gasthaustür war für immer geschlossen, bevor sie sich der Wirtschaft annahm. Warum sich ausgerechnet die Stangls der Dorfwirtschaft erbarmt haben, hat vielleicht etwas mit der Umtriebigkeit der damaligen Wirtin zu tun, die inzwischen auf dem zehn Kilometer von Kalsing entfernten Gut Hötzing, das ebenfalls der Familie gehört, im Sommer Hochzeiten ausrichtet und einen urigen Biergarten betreibt. Wie der Name zustande kam, erzählt sie aber immer noch gerne. Ihr Mann, als mittelständischer Unternehmer, unterstützte sie finanziell, als es um die Renovierung des Wirtshauses ging, doch mit dem Betrieb wollte er nichts zu tun haben: »Das Wirtshaus müsst ihr Weiber machen«, soll er zu seiner Frau und den drei Töchtern gesagt haben. Da war klar: Es wird eine »Weiberwirtschaft«.

Die Jugend liebt das Wirtshaus, in dem die Portionen groß genug sind, dass man auch nach einem anstrengenden Fußballspiel satt wird. Am Sonntag trifft sich der Stammtisch und an manchem Freitagabend wird es so richtig gemütlich in der Wirtsstube. Dann werden Karten und Brettspiele ausgepackt.

Jeden Donnerstag gibt es auf Vorbestellung große Schweinshaxn mit Reiberknödeln, Kartoffelsalat und Krautsalat. Und am

Sonntagmittag sind so viele Essen gefragt, dass manchmal Gästezimmer und Saal nicht reichen: Spanferkelbraten und Schnitzel, Zwiebelrost- und Rinderrahmbraten, Wildgerichte und Fisch oder auch mal ein Zickleinbraten. Am Wochenende geht es rund in der Weiberwirtschaft. Vor allem, wenn Mutter Monika gleichzeitig große Hochzeiten auf Gut Hötzing veranstaltet, für die das Catering selbstverständlich von der Tochter kommt. Die ist mindestens so engagiert und fleißig wie die Mutter und wer möchte, kann bei ihr auch einen Kochkurs buchen.

Ausflugstipp

Nur fünf Kilometer von Kalsing entfernt befindet sich Obertrübenbach mit seiner Wehrkirche. Diese ursprünglich romanische Kirche war Teil der ehemaligen Burganlage. Das Besondere ist, dass die Kirche ein Obergeschoss hat, das als Speicherraum oder Zufluchtsort in Kriegszeiten diente. In und um Roding findet man eine ganze Reihe von sehenswerten Kirchen, Kapellen und Wallfahrtsstätten. Information über www.roding.de unter Tourismus/Sehenswürdigkeiten.

An Sonn- und Feiertagen reicht der Platz in der Gaststube nicht. Aber keine Angst, niemand muss auf den Sonntagsbraten verzichten, denn dann wird der Saal im ersten Stock geöffnet und alle finden Platz.

Rehbraten mit Schupfnudeln und Rahmblaukraut

Für 4 Portionen

Für das Blaukraut: 1 Kopf Blaukraut | 4 EL Preiselbeeren | 1 Gewürzsäckchen mit 1 Lorbeerblatt, einigen Pfeffer- und Pimentkörnern sowie 1 Zimtstange | 100 ml Rotwein | 100 ml Orangensaft | 50 ml Aceto balsamico | 4 EL Honig | Salz | 1 Zwiebel | 1 EL Butter | Speisestärke | 150 g geschlagene Sahne

Für den Rehbraten: 1 EL Butterschmalz | 1 Rehkeule | Salz und schwarzer Pfeffer aus der Mühle | 1 Bund gemischtes Wurzelgemüse | 1 Zwiebel | 4 EL Tomatenmark | 2 Lorbeerblätter | 1 TL Wacholderbeeren | ½ TL Pimentkörner | 6 schwarze Pfefferkörner | ½ TL getrockneter Rosmarin | 700 ml Rotwein | 500 ml Wildfond

Für die Schupfnudeln: 700 g mehligkochende Kartoffeln | 150 g Mehl Type 405 | 1 Ei | Salz und schwarzer Pfeffer aus der Mühle | frisch geriebene Muskatnuss | Speisestärke

Außerdem: Öl für das Backblech | 2 EL Butter | 1 EL Semmelbrösel

Schupfnudeln oder Fingernudeln werden in Bayern auch gerne Dradiwixpfeiferl oder Kartoffel- bzw. Erdepfebaunkerl genannt, in der Oberpfalz auch Schopperla. Aus Wasser und Mehl zubereitet, waren sie angeblich schon als Gericht der Landsknechte im Dreißigjährigen Krieg bekannt.

- Das Blaukraut putzen, waschen, den Kopf vierteln und den Strunk herausschneiden. Die Viertel fein hobeln und mit Preiselbeeren, dem Gewürzsäckchen, Rotwein, Orangensaft, Aceto balsamico, Honig und etwas Salz vermengen. Mindestens 8 Stunden, am besten über Nacht, ziehen lassen.
- Die Rehkeule auslösen. Das Butterschmalz in einem Bräter zerlassen.
- Die Rehkeule mit Salz und Pfeffer einreiben und in dem zerlassenen Butterschmalz rundum anbraten. Die Rehkeule aus dem Bräter nehmen.
- Das Wurzelgemüse waschen und in grobe Stücke schneiden. Die Zwiebel schälen und fein hacken. Wurzelgemüse und Zwiebeln in den Bräter geben und anschwitzen. Tomatenmark, Lorbeerblätter, Wacholderbeeren, Pimentkörner, Pfefferkörner und Rosmarin hinzufügen und unter Rühren rösten. Mit dem Rotwein und dem Wildfond ablöschen.
- Den Backofen auf 140 °C vorheizen.
- Das Fleisch in den Bräter geben. Es sollte mit Flüssigkeit bedeckt sein. Den Bräter zudecken und in den heißen Ofen stellen. Die Rehkeule etwa 1½ Stunden garen. Garprobe machen!

Nichts geht über einen zarten Sonntagsbraten vom Reh aus heimischer Jagd. Keine Sorge wegen Tschernobyl: In Bayern wird Wildbret regelmäßig in Stichproben kontrolliert, so dass man sich wegen irgendwelchen Grenzüberschreitungen keine Sorgen machen muss. Wildfleisch gilt als besonders gesund, ist fettarm und von einzigartigem Aroma.

■ Nach Ende der Garzeit den Rehbraten aus dem Bräter nehmen. Die Sauce mit dem Stabmixer pürieren und abschmecken.

■ Für das Blaukraut die Zwiebel schälen und fein hacken. Die Butter in einem Topf zerlassen und die Zwiebeln glasig anschwitzen. Das Blaukraut dazugeben und bei niedriger Hitze 1 Stunde garen. Ein wenig Speisestärke in etwas Wasser glatt rühren und das Kraut damit binden. Die Sahne unterheben.

■ Für die Schupfnudeln die Kartoffeln am Vortag in Wasser weich kochen.

■ Die Kartoffeln anschließend pellen und durch die Kartoffelpresse drücken. Mit Salz, Pfeffer und Muskat würzen und mit dem Mehl und dem Ei zu einem festen Teig verkneten.

■ Ein wenig Speisestärke auf der Arbeitsfläche verteilen und den Teig daraufgeben. In vier gleiche Teile schneiden und jedes Teil zu einer langen Rolle rollen. Nun von jeder Rolle etwa 7–10 cm lange Nudeln abstechen und diese zwischen beiden Handflächen zu Schupfnudeln (siehe Foto links) formen.

In der Zwischenzeit reichlich Salzwasser zum Kochen bringen und die Schupfnudeln hineingeben. Sobald sie an die Oberfläche steigen, mit einem Schaumlöffel herausnehmen, abtropfen lassen und auf dem mit Öl ausgestrichenen Blech abkühlen lassen.

■ Die Butter in einer großen Pfanne zerlassen. Sobald diese zu schäumen beginnt, die Semmelbrösel hinzufügen und unter Rühren goldbraun werden lassen. Die Schupfnudeln dazugeben und bei mittlerer Hitze rundum anschwitzen.

■ Zum Servieren das Fleisch in Scheiben schneiden und auf dem Teller anrichten. Die Sauce angießen. Die Schupfnudeln und das Blaukraut dazugeben.

22

Urig, herzlich, vegetarisch

Silvia Beyer
in der Hündeleskopfhütte in Pfronten-Kappel

Es geht auch ohne Schnitzel, Speck und Hauswurst. Dass Wanderer und Biker auch fleischlos glücklich und satt werden, das beweist Silvia Beyer mit der ersten rein vegetarischen Berghütte der Alpen. Und es kommen deshalb nicht weniger, sondern eher mehr Gäste auf die Allgäuer Alpe.

Wenn sie im Sommer morgens ihre Hütte aufsperrt und erst einmal auf den umliegenden Bergwiesen Wildblumen für die Tische pflückt, ist Silvia Beyer glücklich. Das sieht man der Wirtin an, die im Mai 2014 die Hündeleskopfhütte als Pächterin übernahm und bald darauf hier ihren fünfzigsten Geburtstag feierte. Man kommt gar nicht auf die Idee zu fragen, ob sie sich nicht zu alt fühle, um diese Aufgabe zu meistern, so jugendlich ist die Ausstrahlung der Hauswirtschaftsmeisterin, deren Traum es schon immer war, eine eigene Hütte zu bewirtschaften.

Was das bedeutet, das weiß die vierfache Mutter, die schon auf anderen Berghütten gearbeitet hat. Bei jedem Wetter hinauf und hinunter, jede Bierflasche, jedes Pfund Mehl muss mühsam hinaufbefördert werden. »Vor der Arbeit derf ma koi Angst habe«, sagt sie lachend und wer hinschaut, sieht, dass ihre Hände zupacken können. Vor dem Winter müssen Hunderte Liter Bier eingekellert werden, bei Schnee ist es ihre Aufgabe, den Weg zu markieren und die Rodelbahn, die direkt vom Haus weg geht, zu pflegen. Und wenn im Sommer auf der Terrasse hungrige und durstige Wanderer alle 60 Plätze belegen, dann stößt sie manchmal an die Grenzen ihrer kleinen Küche.

Aber irgendwie meistert sie alle Hürden, denn hier oben, auf 1180 Meter, sind alle per du und die Atmosphäre ist entspannt, sodass alle glücklich und zufrieden weiterziehen oder ins Tal hinab-

Adresse
Hündeleskopfhütte
Am Hündeleskopf
87459 Pfronten-Kappel
Telefon: +49 160 90113431
E-Mail: hkn@email.de

Öffnungszeiten
Mi–Do 11.00–21.00 Uhr
Fr–So 11.00–18.00 Uhr
Außerdem bitte Anschlagtafel am Parkplatz beachten

Hüttenruhezeiten
Zwischen dem 9. November und 8. Dezember geschlossen.
In der Weihnachtswoche vom 21. bis einschließlich 25.12. geschlossen, ab 26.12. durchgehend geöffnet – ohne Ruhetag bis 6.1.

Hinweis
Die Hütte ist nicht barrierefrei und kann nicht mit einem Rollstuhl angefahren werden.

Von der Hütte aus genießt man herrliche Ausblicke. Richtung Süden sieht man die steilen Felswände von Hochgrat und Rindalphorn, im Nordwesten liegt Oberstaufen und im Nordosten der Große Alpsee, der im Sommer auch zum Baden einlädt.

Die Holzski an der Hüttenwand zeugen noch von der ursprünglichen Bestimmung als Skihütte. Der Klimawandel hat auch hier seinen Tribut gefordert. Heute kann man nur noch mit dem Rodel ins Tal fahren.

steigen. Gestärkt mit Kässpatzen, Krautkrapfen, veganer Zucchinilasagne, selbstgemachter Hollerlimonade oder Biokaffee mit veganem Kuchen. Die meisten Zutaten sind biologisch und der Käse für die Brotzeit und die Spatzen selbstverständlich aus gentechnikfreier Heumilch. Alles wird ausschließlich frisch zubereitet.

Wenn schon selbstständig, so Silvia Beyer, dann wollte sie ihre eigenen Vorstellungen verwirklichen. Auf einem Bauernhof in Nesselwang aufgewachsen, beschloss sie schon als Jugendliche, kein Fleisch mehr zu essen. Denn wenn brutale Viehhändler die kleinen Kälber abholten, die ihr ans Herz gewachsen waren, »da wollte sie nicht mehr mitmachen«. Heute denkt sie oft an ihre Großmutter, die der Reformbewegung nahestand und als Fünfzigjährige in Nesselwang eine Pension mit vegetarischer Ernährung aufmachte, damals so erfolgreich wie belächelt.

Die Enkelin erntet heute mehr Anerkennung mit ihrer Idee, auf der Berghütte vegetarisch zu kochen. Die Gäste sind begeistert und an manchen Tagen empfiehlt es sich, vorzubestellen, wenn man einen Platz in der Stube haben möchte.

Noch bis Anfang der 1990er Jahre führte ein Schlepplift hinauf zur Hündeleskopfhütte, die deshalb bei den Einheimischen immer noch die »Skihütte« heißt. Ganz aus Holz gebaut, mit einem aus Naturstein gemauerten Ofen, ist sie urgemütlich und außerdem – mit der neuen Hüttenwirtin – auch noch musikantenfreundlich. Zwei Gitarren, zwei Akkordeons und ein Kontrabass warten nur darauf, gespielt zu werden, und das Liederbuch, das ein eifriger Gast zusammengestellt hat, liegt auch parat. Ob im Winter drinnen oder im Sommer draußen auf der Terrasse mit herrlichem Blick auf die Pfrontner Berge und die Ostallgäuer Moränenlandschaft, immer wieder greifen Gäste zu den Instrumenten und die Hüttenwirtin stimmt mit ihrem hellen Sopran ein in den Gesang. Für sie ist das hier oben ein ganz besonderer Kraftort, dessen wohltuende Stimmung sich auf die Gäste überträgt.

In der Hütte ist alles Miniatur, nicht nur die Fenster, und man wundert sich, wie die Wirtin es schafft, ihre oft zahlreichen Gäste zu versorgen.

Ausflugstipp

Viele Wege führen zur Hütte hinauf, die nur zu Fuß zu erreichen ist. Die einfachste Variante nimmt ihren Ausgang in Pfronten-Kappel am Waldseilgarten. Von dort wandert man bequem in etwa 45 Minuten eine asphaltierte Straße zwei Kilometer bergauf. Nur das allerletzte Stück führt auf einem unbefestigten Weg durch den Wald. Diese Route ist sogar für Kinderwagen geeignet. Im Winter ist dieser Weg eine hervorragende Naturrodelbahn, die sogar noch weiter bis zur Kappeler Alm führt. Wer keinen Schlitten hat, kann sich in der Hündeleskopfhütte einen ausleihen, solange der Vorrat reicht.

Omas Dinkel-Nusskuchen

Für eine Springform von 28 cm Durchmesser
Für den Kuchen: 6 Eier | 300 g Zucker | 200 g Dinkelmehl | 1 TL Backpulver | 200 g gemahlene Haselnüsse
Für die Glasur: Saft von ½ Zitrone | 200 g Puderzucker
Außerdem: Butter für die Form

- Die Eier trennen. Das Eiweiß zu steifem Schnee schlagen. Die Eigelbe und den Zucker einrühren. Das Mehl mit dem Backpulver vermischen und hinzufügen. Zum Schluss die Haselnüsse einarbeiten.
- Den Backofen auf 170 °C Umluft vorheizen.
- Eine Springform mit Butter ausstreichen. Den Teig einfüllen und im heißen Ofen 45 Minuten backen.
- In der Zwischenzeit den Zitronensaft mit dem Puderzucker verrühren. Sobald der Kuchen gebacken und abgekühlt ist, aus der Form lösen und mit der Glasur bestreichen.

Kässpatzen

Kässpatzen sind das Allgäuer Nationalgericht schlechthin und jede Hausfrau und jede Wirtin hat ihr eigenes Rezept. Besonders würzig werden sie mit drei verschiedenen Käsesorten zubereitet: Bergkäse, Emmentaler und dem kräftigen Weißlacker, einem von Slow Food als Archepassagier geschützten Käse.

Für 8 Portionen

2,5 kg Mehl (gerne mit einem Drittel Roggen- oder Dinkelvollkornmehl) | 12–14 Eier (je nach Größe) | 3 EL Salz | Sonnenblumenöl | 5 große Gemüsezwiebeln | 5 EL Bratöl | schwarzer Pfeffer aus der Mühle | 750 g frisch geriebener würziger Allgäuer Bergkäse | 1 Bund Schnittlauch

■ Mehl, Eier und 2 Esslöffel Salz in eine Rührschüssel geben und mit den Knethaken des Handrührgerätes vermengen. Etwa 750 ml Wasser hinzufügen und so lange kneten, bis der Teig zäh und geschmeidig ist und Blasen wirft. 15 Minuten ruhen lassen.

■ 5 Liter Wasser zum Kochen bringen und das restliche Salz sowie einen Schuss Sonnenblumenöl hinzufügen.

■ Während das Wasser kocht, die Zwiebeln schälen und in feine Ringe (3 mm) schneiden.

■ Das Bratöl in einer großen Pfanne erhitzen und die Zwiebelringe glasig anschwitzen.

■ Den Teig mithilfe eines Spätzlehobels in das kochende Wasser hobeln, aufkochen lassen und anschließend die Spatzen, sobald sie oben schwimmen, mit einem Schaumlöffel herausnehmen. Will man sie erst später zubereiten, in einen Durchschlag geben und unter fließendem kaltem Wasser abkühlen. Andernfalls vier bis fünf Handvoll Spätzle auf die angebratenen Zwiebelringe geben, mit Pfeffer übermahlen und mit dem Käse bestreuen. Die Pfanne zudecken und den Käse bei mittlerer Hitze schmelzen lassen. Nach kurzer Zeit die Kässpatzen mit einem Pfannenheber wenden. Darauf achten, dass sich die Spatzen mit dem Käse und den Zwiebelringen schön verbinden. Möchte man an der Unterseite eine Kruste, dann die Hitze auf die höchste Temperatur schalten. Anschließend nochmals kurz wenden, miteinander vermengen und auf dem Teller anrichten.

■ Den Schnittlauch waschen, trocken schütteln und in Röllchen schneiden. Die Kässpatzen mit den Schnittlauchröllchen bestreuen.

■ Dazu schmeckt, je nach Jahreszeit, ein gemischter grüner Salat.

Glutenfreie vegane Zucchinilasagne

Für 4 Portionen
720 g Tofu | 4 Zwiebeln | 4 Knoblauchzehen | 500 g Karotten | 10 EL natives Olivenöl | 500 g Tomatenmark | 4 TL getrockneter Oregano | 5 TL Agavendicksaft | 280 ml Rotwein | Meersalz und schwarzer Pfeffer aus der Mühle | 5 kleine Zucchini | 2 Bund Basilikum | 150 g weißes Mandelmus | 120 ml Mineralwasser
Außerdem: natives Olivenöl extra oder Kräuteröl | Cashewkerne

■ Den Backofen auf 250 °C vorheizen.

■ Den Tofu mit einer Gabel zerbröseln. Die Zwiebeln, Knoblauchzehen und Karotten schälen und fein hacken. Das Olivenöl in einer Pfanne erhitzen und den Tofu darin etwa 5 Minuten anbraten. Das Gemüse hinzufügen und weitere 5 Minuten unter Rühren anbraten. Tomatenmark, Oregano und Agavendicksaft dazugeben und 3 Minuten weiterbraten. Den Rotwein angießen und 1–3 Minuten kochen lassen. Mit Meersalz und Pfeffer würzen.

■ Die Zucchini mit einem Gemüsehobel oder in der Küchenmaschine in etwa 2 mm dünne Scheiben schneiden. Eine Lage Zucchinischeiben in einer Reine oder Auflaufform leicht überlappend auslegen und eine Lage der Füllung daraufgeben und verteilen. In der Weise fortfahren, bis alle Zutaten aufgebraucht sind. Mit der Zucchinifüllung abschließen.

■ Das Mandelmus mit dem Mineralwasser verrühren. Das Basilikum waschen und trocken schütteln. Die Blätter von den Stängeln zupfen. Einige Blätter für die Dekoration beiseitelegen, den Rest fein hacken. Die Mandelcreme mit dem Basilikum verrühren und auf der Lasagne sorgfältig verstreichen.

■ Die Reine oder Auflaufform mit der Lasagne in den heißen Ofen geben und 5–10 Minuten backen, bis die Mandelcreme ein wenig Farbe genommen hat. Mit Oliven- oder Kräuteröl beträufeln und mit den Basilikumblättern und Cashewkernen bestreuen.

Für die vegane Küche bedarf es besonderer Zutaten und Zubereitungsarten. Zum Beispiel ersetzt das weiße Mandelmus hervorragend den Käse, mit dem die klassische Lasagne überbacken wird.

23

Gastlichkeit am Ufer der Wertach

Sigrun Groß
im Restaurant Fischerstuben in Augsburg

Adresse
Restaurant Fischerstuben
Holzbachstraße 12 ½
86152 Augsburg
Telefon: +49 821 153506
Fax: +49 821 3494121
E-Mail:
info@restaurant-fischerstuben.de
www.restaurant-fischerstuben.de

Öffnungszeiten
Di–So 11–14.30 Uhr und
18–24.00 Uhr
Mo Ruhetag

Hinweis
Das Restaurant ist barrierefrei. Die Sanitärräume sind mit einem Behinderten-WC ausgestattet.

Es sind nicht nur die Köstlichkeiten aus Flüssen und Seen, die das Gasthaus am idyllischen Wertachufer zu einem Anziehungspunkt machen. Bei der Augsburger Wirtin wird jede Feier zum unvergesslichen Erlebnis.

Das lang gestreckte Fischerhaus von Sigrun Groß liegt nur wenige Meter vom Wertachufer entfernt. Hier am Rand des Stadtzentrums hat sich die schöne Wirtin ihr Reich geschaffen. Die Augsburgerin ist eine Selfmadefrau, die damit einfach ins kalte Wasser gesprungen ist. Als es ihr als Mutter und Hausfrau daheim zu langweilig wurde, eröffnete sie ein Café. Dort trafen sich regelmäßig die Vorstände des Fischereivereins (dem das Gebäude immer noch gehört) und angelten sich die junge Frau als Pächterin für ihr Vereinsheim. Und da die quirlige Blondine keine Herausforderung scheut, übernahm sie das Lokal mit rund 200 Sitzplätzen und gestaltete es nach ihren Vorstellungen um. Spätestens seit dem aufwendigen Umbau von 2011 ist aus dem alten Vereinshaus ein modernes, edel gestaltetes Restaurant geworden.

Das idyllisch am Wertachufer gelegene Restaurant ist bekannt für seine regionale feine, leichte Küche.

Es entspricht ganz ihrem Naturell, was sie auch anpackt, mit ganzem Herzen zu machen. Zunächst war das für sie das Leben als Mutter und heute ist es die Gastronomie. Ihre Küchenbrigade hat sie im Griff, die fünf Herren kochen nur, was ihrer Chefin – und natürlich den Gästen – schmeckt: gehobene regionale Küche. Der schwäbische Zwiebelrostbraten und die Allgäuer Kässpatzen sind Klassiker und die Reminiszenz an die schwäbische Küche. Aber der Zeitgeist macht auch am Ufer der Wertach nicht halt. Er verlangt nach leichter Kost und dementsprechend bietet die Karte, neben Gerichten aus heimischen und edlen Meeresfischen, auch Vegetarisches und einen »Mannequin«-Salat. Den bestellt frau doch gleich viel lieber als den

Jedes Detail der Tafel ist der Wirtin wichtig. Sigrun Groß legt genauso viel Wert auf die akkurat gefalteten Servietten und die Blumendekoration wie auf die Zusammenstellung der Menüs.

üblichen Fitnesssalat, auch wenn die Zutaten ähnlich sind. Zu ihrer Hochform laufen Küche und Wirtin auf, wenn es darum geht, Hochzeiten, Geburtstage, Jubiläen oder sonstige Festivitäten auszurichten. Je opulenter, umso lieber, denn dann kann Sigrun Groß all ihre Talente entfalten: planen, organisieren, dekorieren.

Wenn sie mehr Zeit hätte, erzählt Sigrun Groß, würde sie zum Pinsel greifen und malen. So aber kommt ihr künstlerisches Talent den Gästen zugute. Ein dickes Buch mit Dankesbriefen zeugt davon. Sigrun Groß gelingt es, die Feste, die sie arrangiert, zu einem Erlebnis für alle Sinne zu machen. Die Räumlichkeiten für die Feiern hat sie im Laufe der Zeit geschmackvoll, ja immer noch einen Hauch eleganter gestaltet.

Das große, helle Hauptrestaurant lässt sich unterteilen für große und kleine Gesellschaften, ein Spiegelzimmer bietet das richtige Ambiente für kleinere Feiern und die neue Weinkostbar ist der perfekte Ort für ungezwungenes Beisammensein. Im Sommer stehen den Gästen auch eine Terrasse und ein Biergarten zur Verfügung.

Die Liebe zum Detail und das Gefühl für die Befindlichkeiten ihrer Gäste machen den Charme von Sigrun Groß aus: ein freundliches Lächeln hier, ein nettes Grüß Gott dort, viele Gäste schätzen dies und kommen gerne wieder.

Ausflugstipp

Die Fuggerstadt Augsburg ist mehr als einen Ausflug wert. Was es dort zu sehen gibt, füllt Reiseführer. Wir empfehlen einen Verdauungsspaziergang am nahe gelegenen Wertachufer. Bis vor 150 Jahren hatte die Wertach ausgedehnte Kies- und Sandbänke und konnte sich bei Hochwasser entsprechend ausdehnen. Durch die Kanalisierung des Flussbettes erhöhte sich die Fließgeschwindigkeit und der Fluss grub sich ständig tiefer in sein Bett. Brücken und Böschungen waren gefährdet. Durch die nach dem Jahrhunderthochwasser von 1999 vorgenommene Renaturierung des Flusses auf den letzten 14 Kilometern vor seiner Mündung in den Lech wurde die Wertach entschleunigt, revitalisiert und damit zu einem innerstädtischen Naherholungsgebiet.

Auch zum Radeln eignen sich die Wertachufer. Der Einstieg zum Jakobus-Radweg befindet sich direkt neben den Fischerstuben.

Doradenfilet mit Kartoffelschuppen auf mediterranem Gemüse und Balsamicofond

Für 4 Portionen

Für die Doradenfilets: 4 Doradenfilets mit Haut à 150 g | Salz und schwarzer Pfeffer aus der Mühle | Zitronensaft | Worcestersauce | 2 Eiweiß | 2 kleine festkochende Kartoffeln | 2 EL natives Olivenöl

Für das Gemüse: 1 Zucchini | 1 Aubergine | 1 rote Paprikaschote | 1 Bund Lauchzwiebeln | 2–3 EL natives Olivenöl | 1 TL Knoblauchöl | Salz und schwarzer Pfeffer aus der Mühle | 2 EL in Streifen geschnittenes Basilikum

Für den Balsamicofond: 20 g Zucker | 40 ml Aceto balsamico | 1 TL Basilikumpesto (Glas) | 200 ml Fischfond | 25 g Butter | Salz und schwarzer Pfeffer aus der Mühle

- Die Doradenfilets mit Salz, Pfeffer, Zitronensaft und Worcestersauce würzen und mit ein wenig Eiweiß bestreichen.
- Die Kartoffeln schälen und in feine Scheiben hobeln. Schuppenförmig auf die Oberseite der Fischfilets legen und nochmals mit Eiweiß bestreichen.
- Das Olivenöl in einer Pfanne erhitzen und die Fischfilets auf der Kartoffelseite goldbraun braten. Anschließend wenden und auf der Hautseite fertig braten.
- Das Gemüse putzen, waschen und in grobe Würfel schneiden. Die Lauchzwiebeln putzen, waschen und das Weiße klein schneiden. Das Olivenöl in einer Pfanne erhitzen und das Gemüse unter Rühren einige Minuten anschwitzen. Das Knoblauchöl hinzufügen und mit Salz und Pfeffer würzen. Das Gemüse bei niedriger Hitze zugedeckt bissfest garen. Zum Schluss das Basilikum einstreuen.
- Für den Balsamicofond den Zucker in einer kleinen Pfanne karamellisieren und mit dem Aceto balsamico ablöschen. Das Pesto sowie den Fischfond zufügen und etwas reduzieren lassen. Anschließend die eiskalte Butter mit dem Pürierstab einarbeiten und mit Salz und Pfeffer würzen.
- Den Balsamicofond als Spiegel auf den Teller geben und das Doradenfilet sowie das Gemüse darauf anrichten.

Zwei kulinarische Highlights der Fischerstuben: das Doradenfilet mit Kartoffelschuppen (unten) und das in Gewürzöl gebratene Saiblingsfilet auf Blattspinat und Orangenbuttersauce.

24

Schlemmen auf der Alp

Barbara Schlachter-Ebert auf der Schlossanger Alp in Pfronten

Eine Spitzenköchin mit Bodenhaftung. So könnte man Barbara Schlachter-Ebert beschreiben, deren Kochkünste weit über das Allgäu hinaus bekannt sind. Sie verbindet Großmutters Rezepte mit dem Know-how der Sterneküche. Das Resultat ist immer hinreißend, egal ob man sich als Wanderer auf der Terrasse oder als Gourmet im Restaurant verwöhnen lässt.

Adresse
Schlossanger Alp
Am Schlossanger 1
87459 Pfronten
Telefon: +49 8363 914550
Fax: +49 8463 91455555
E-Mail: info@schlossanger.de
www.schlossanger.de

Öffnungszeiten
Täglich von 12.00–14.00 Uhr und 18.30–21.00 Uhr
Keine Schließzeiten, kein Ruhetag

Hinweis
Barrierefreiheit ist bedingt gegeben: eine Stufe in das Restaurant, ebenerdig in den Wintergarten, per Aufzug zu den Sanitärräumen.

Hoch hinauf muss man, wenn man in den Genuss der Spitzenküche von Barbara Schlachter-Ebert kommen will. Das Berghotel Schlossanger Alp liegt vor traumhafter Bergkulisse auf 1200 Meter Höhe unterhalb des Falkensteins. Kein Autolärm dringt hier herauf, die Luft ist rein, die Bäche sind klar und die Küche der charmanten Hausherrin verzaubert auch anspruchsvollste Gaumen.

Als die kleine Barbara früher von der Schule unten im Tal auf die Alp zurückkam, durchströmte der köstliche Duft von Großmutters Apfelstrudel das ganze Haus. Dieser Duft steckt der großen Barbara immer noch in der Nase und die Erinnerung daran löst ein warmes, wohliges Bauchgefühl aus. Sie lacht und sagt, ihre liebsten Rezepte seien die von der Großmutter. Doch wenn sie zum Beispiel die Kartoffelsuppe à la Großmama mit Allgäuer Butter, Milch und geriebenen Kartoffeln kredenzt, dann schmeckt die Zunge ganz schnell die kundige Hand der Spitzenköchin. Das ist wohl das Geheimnis der Virtuosin am Herd, die Ideen von damals mit Anspruch und Geschmack von heute zu verbinden weiß.

»Die Küche hat sich geändert und ich koche eine moderne Allgäuer Küche, aber mit Tradition«, sagt sie, die neben Cornelia Poletto und Iris Bettinger Mitglied der Vereinigung der Gourmetköche der Jeunes Restaurateurs d'Europe ist. Sie mag am liebsten saubere,

Inmitten einer saftig grünen Berglandschaft liegt die Schlossanger Alp auf 1200 Meter Höhe.

einfache Produkte aus dem Allgäu, die sie bei qualitätsorientierten Bauern der Umgebung oder im Steinacher Käsladen findet. Daraus entstehen dann verfeinerte Arme-Leute-Essen wie Kalbslüngerl mit Brottalern oder Schweinenierle in Senf-Gurken-Sauce. Kräuter sind ganz wichtig in der Alp-Küche. Die sammelt die Chefin nebenbei beim Joggen.

Die Alp: ein Hort sympathischer Gastlichkeit, der die Welt nicht verändert, aber viel schöner werden lässt. Ein neuer Pavillon für Mußestunden? Warum nicht! Noch längst nicht hat Barbara Schlachter-Ebert alle ihre Pläne verwirklicht.

Die gastronomischen Anfänge hier oben auf der Alp waren schlicht, denn reich sind die Bergbauern im Allgäu nicht gewesen. Der Großvater, ein Käser, hütete Kühe und Kälber und hielt für Wanderer ein Glas frische Milch und ein Matratzenlager bereit. Die Eltern von Barbara Schlachter stellten die Landwirtschaft schon zugunsten der Wanderer und Sommerfrischler zurück. Sie beherbergten Gäste in den neu gebauten Fremdenzimmern, aus denen inzwischen ein komfortables Vier-Sterne-Hotel mit 24 Zimmern entstanden ist.

Alle vier Geschwister der dritten Generation erlernten gastronomische Berufe. Barbara zog es schon immer in die Küche. Mit 23 war sie jüngste Küchenmeisterin Bayerns und wagte sich mutig als eine der ersten Frauen in die Küchen der Spitzengastronomen. Sie sammelte Erfahrungen u.a. im Bareiss und bei Hans Haas, aber es war ihr immer klar, dass sie auf die Alp zurückgehen würde.

Heute ist der Berg fest in Schlachter-Hand. Bruder Toni residiert im romantischen Burghotel Falkenstein und Schwester Barbara mit Familie 200 Meter tiefer auf der Alp. Hier oben wirbelt die sportliche Mutter von drei Kindern nicht nur in der Küche. Das Hotel, die Wellness-Oase Berg Quelle, der Abenteuerspielplatz für die Kinder – das alles will organisiert und gemanagt sein. Zum Glück unterstützt sie Ehemann Bernd, der glücklich und stolz ist, mit einer der besten Köchinnen Deutschlands verheiratet zu sein.

Ausflugstipp: Ruine auf dem Falkenstein

Schon König Ludwig II. zog es zu dem romantischen Platz, der höchstgelegenen Burgruine Deutschlands, und in seiner Vision ließ er dort ein weiteres Traumschloss entstehen. Leider blieb davon nichts außer einem Traum und dem Bild.

Kartoffelsuppe

Für 10 Portionen

200 g Zwiebeln | 60 g Butter | frischer oder getrockneter Majoran | Salz und schwarzer Pfeffer aus der Mühle | frisch geriebene Muskatnuss | 400 g gekochte mehligkochende Kartoffeln | 1 l Gemüsebrühe | 1 l Milch | 100 g Karotten | 100 g Knollensellerie | 400 g rohe Kartoffeln | 200 g Sahne

Für die Croûtons: 4 Weißbrotscheiben | 1 EL Butter | 2 EL fein gehackte glatte Petersilie

■ Die Zwiebeln schälen und fein hacken. Die Butter in einem Schmortopf bei niedriger Hitze zerlassen und die Zwiebeln glasig anschwitzen. Majoran zugeben und mit Salz, Pfeffer und Muskat würzen.

■ Die Kartoffeln pellen, durch die Kartoffelpresse drücken und mit der Gemüsebrühe sowie der Milch auffüllen, kurz aufkochen lassen und anschließend mit dem Pürierstab fein pürieren.

■ Die Karotten und den Sellerie schälen und fein raspeln. Die rohen Kartoffeln schälen und in ½ cm große Würfel schneiden und mit dem Wurzelgemüse hinzufügen. Die Suppe zugedeckt so lange köcheln lassen, bis die Kartoffeln weich sind. Danach die Sahne unterrühren und nochmals abschmecken.

■ Für die Croûtons die Weißbrotscheiben entrinden und in Würfel schneiden. Die Butter in einer Pfanne zerlassen und die Brotwürfel rundum goldbraun rösten.

■ Die Suppe auf vorgewärmten tiefen Tellern anrichten und mit den Croûtons und der Petersilie bestreuen.

Tipp: Man sollte diese Suppe auf jeden Fall in dieser Menge zubereiten, weil sie dann, so die Wirtin, einfach besser schmeckt. Wer will, kann sie in kleinen Portionen einfrieren.

Barbara Schlachter-Eberts Küche: jung, frisch, Altes immer wieder neu interpretierend, unprätentiös.

Renkenfilet aus dem Weißensee auf Wurzelgemüse im Meerrettichfond mit Mehlnocken

Für 4 Portionen
4 Renkenfilets à 100 g | Salz und Zitronensaft
Für den Fond: 250 ml Weißwein | 2 Wacholderbeeren | 1 Lorbeerblatt | 100 ml Wasser | 50 g Butter | 1–2 EL frisch geriebener Meerrettich | 30 g Butter
Für das Wurzelgemüse: 200 g Karotten | 100 g Knollensellerie | 100 g Lauch | 50 g Butter | Salz und schwarzer Pfeffer aus der Mühle | 10 g fein gehackte Petersilie
Für die Mehlnocken: 100 g Mehl Type 405 | 50 ml Wasser | Salz und schwarzer Pfeffer aus der Mühle | frisch geriebene Muskatnuss | 1 EL Pernod
Außerdem: glatte Petersilie und Dill

Rustikale regionale Gerichte werden in der Küche von Barbara Schlachter-Ebert verfeinert und auf diese Weise zu unerwarteten Genüssen.

■ Die Renkenfilets mit Salz und Zitronensaft würzen. In dem Fond im Dampfgarer 3–4 Minuten garen. Anschließend 250 ml des Fonds abmessen und diesen erneut aufkochen lassen. Durch ein feines Sieb passieren und mit der kalten Butter montieren.

■ Die Karotten und den Sellerie schälen und in streichholzgroße Stifte schneiden. Den Lauch putzen, sorgfältig waschen und den weißen Teil in Scheiben schneiden. Salzwasser zum Kochen bringen und das Gemüse bissfest blanchieren. Anschließend in Eiswasser abschrecken.

■ Die Butter in einem Topf zerlassen, das Gemüse hinzufügen und mit Salz und Pfeffer würzen. Die Petersilie unterrühren.

■ Für die Mehlnocken Mehl, Wasser sowie Salz, Pfeffer und Muskat zu einem glatten, elastischen Teig kneten. Etwa 10 Minuten ruhen lassen, mit den Fingern kleine Stücke abzupfen und zwischen den Händen längliche Nocken formen. In reichlich kochendem Salzwasser mit etwas Pernod 6–7 Minuten ziehen lassen. Mit einem Schaumlöffel herausnehmen, abtropfen lassen und in den Meerrettichfond einlegen.

■ Das Wurzelgemüse auf den vorgewärmten Tellern anrichten. Die Renke auf das Gemüsebett legen und den Fond angießen. Die Mehlnocken darüber verteilen. Mit Petersilie und Dill dekorieren.

Kalbszüngerl im Sesammantel

Ausgewählte Bauern aus dem Pfrontener Umland beliefern die Spitzerköchin mit Gemüse und dem besten Fleisch. Frisch und von bester Qualität müssen die Produkte sein.

Für 4 Portionen
1 Kalbszunge (etwa 250–300 g) | 1 Bund Suppengrün | 2 Lorbeerblätter | 5 Wacholderbeeren | 5 schwarze Pfefferkörner | 100 ml trockener Weißwein | weißer Balsamessig | Salz und schwarzer Pfeffer aus der Mühle
Für die Panade: 200 g Weißbrot ohne Rinde, gerieben | 3 EL helle Sesamsamen | 2 Eier, verquirlt | 80 g doppelgriffiges Mehl (Wiener Grießler)
Außerdem: 100 g Butterschmalz

■ Die Zunge abwaschen. 3 Liter Wasser mit Suppengrün, Lorbeerblättern, Wacholderbeeren, Pfefferkörnern, Weißwein und Essig zum Kochen bringen und die Zunge in dem Fond zugedeckt 1½–2 Stunden köcheln lassen, bis die Zungenspitze weich ist.
■ Die Zunge aus dem Wasser nehmen und zum Abkühlen in kaltes Salzwasser einlegen. Danach die Zunge noch lauwarm abziehen und wieder in das kalte Salzwasser legen.
■ Für die Panade die Weißbrotbrösel mit dem Sesam vermengen und in einen tiefen Teller geben.
■ Die Eier und das Mehl ebenfalls jeweils in tiefe Teller geben.
■ Die Zunge in ½ cm dicke Scheiben schneiden und trocken tupfen. Mit Salz und Pfeffer würzen.
■ Die Zungenscheiben nacheinander im Mehl wenden, dabei überschüssiges Mehl abklopfen, dann durch die Eier ziehen. Zum Schluss mit den Sesambröseln panieren, dabei die Brösel nicht zu fest andrücken.
■ Das Butterschmalz in einer Pfanne zerlassen. Die panierten Zungenschnitzel darin zuerst auf einer Seite goldbraun braten, dann wenden und auf der zweiten Seite braten.
■ Die Zungenschnitzel aus der Pfanne nehmen und auf Küchenpapier abtropfen lassen. Auf vorgewärmten Tellern zusammen mit einem knackigen Blattsalat anrichten.

25

Echt fränkisch

Stefanie Eckardt
im Landgasthof Blaue Traube in Burgthann

Adresse
Landgasthof Blaue Traube
Schwarzachstraße 7
90559 Burgthann
Telefon +49 9183 7555
Fax: +49 9183 3787
E-Mail:
info@landgasthof-blauetraube.de
www.landgasthof-blauetraube.de

Öffnungszeiten
Mi bis So 10.00–24.00 Uhr
Mo und Di Ruhetag

Hinweis
Der Gasthof ist barrierefrei.

In der Blauen Traube schmeckt es wie daheim. Hier wird unverfälschte fränkische Küche serviert, von der Küchenchefin nach altüberlieferten Rezepten zubereitet. Die Blaue Traube ist ein Mekka fränkischer Gastlichkeit und entsprechend groß ist die Zahl ihrer Anhänger.

Dieser Landgasthof war schon immer ein Refugium der Frauen. Seit 1912 befindet er sich im Familienbesitz, aber der Name der Wirtsleute änderte sich in jeder Generation, da immer verheiratete Töchter den Betrieb übernahmen. Vor ein paar Jahren wurde Krillmayer von Eckardt abgelöst. Denn 2011 hat Tochter Stefanie Eckardt den Betrieb von ihrer Mutter Gertraud Krillmayer übernommen. Die gelernte Hotelfachfrau kümmert sich um Restaurant und Hotel und die Seniorchefin kann sich voll auf ihre Leidenschaft, die fränkische Küche, konzentrieren. Auch da ist die Nachfolge gesichert. Tochter Melanie ist gelernte Köchin und unterstützt Mutter und Schwester, wenn Hilfe nötig ist.

An Tradition mangelt es in dem urgemütlichen fränkischen Gasthof zu Füßen der mittelalterlichen Burg nicht. 1364 wird das Gebäude, das damals als Mühle zur Burg gehörte, erstmals erwähnt. Später entstehen ein Hammerwerk und eine Papiermühle, bis dann im 19. Jahrhundert das Mühlwerk herausgerissen und eine Wirtschaft eingerichtet wird, die 1912 der Urgroßvater von Stefanie Eckardt übernimmt.

Die Grundmauern und die dicken Deckenbalken der Gaststube stammen noch aus der Mühlenzeit. Holzvertäfelte Wände, handgefertigte Lampen, Zinngeschirr, liebevolle Dekoration und ein wärmender Kachelofen schaffen ein gemütliches Flair.

Werbung müssen die Eckardts nicht mehr machen, weder für ihre Küche noch für ihre Gästezimmer, die von Stefanie und Melanie mit viel Liebe und Fantasie neu gestaltet wurden.

Stefanie Eckardts Urgroßvater ließ einen Rebstock an dem Gasthaus sich hochranken. Von daher stammt der für die Gegend ungewöhnliche Name des schmucken Hauses.

Die Liebe zum Detail ist Stefanie Eckardt in die Wiege gelegt. Die Gäste sollen sich wohlfühlen – ob in der kalten Jahreszeit am gemütlichen Kachelofen oder im Sommer im schönen Biergarten.

Es hat sich längst herumgesprochen, dass in der Blauen Traube echt fränkisch gekocht wird: Schäufele, Schweinebraten, fränkischer Rinderbraten, Tafelspitz und fränkisches Hochzeitsessen, handgeschabte Spätzle, Karpfen und Klöß'. Am Sonntagmittag – aber nicht nur dann – sind die Gaststuben bis auf den letzten Platz ausgebucht.

Beim Verein »Heimat auf'm Teller« macht Stefanie Eckardt aus Überzeugung mit. Wo es geht, verwendet sie Produkte aus der Region: Kartoffeln und Fleisch vom Bauern, Salat und Gemüse aus dem Knoblauchland. Die Weinkarte ist heimatverbunden und enthält die Namen von vielen fränkischen Winzern.

2012 wurde ein großes Jubiläum gefeiert: Die Blaue Traube wurde hundert Jahre alt. Bleibt zu hoffen, dass das Mäderlhaus an der Schwarzach noch lange in dieser Tradition bestehen bleibt.

Ausflugstipp: Burg Burgthann

Nur wenige Meter vom Gasthof Blaue Traube entfernt führt ein 20-minütiger Fußweg hinauf zur restaurierten mittelalterlichen Burg, die aus dem 12. Jahrhundert stammt. Von hier aus bietet sich ein herrlicher Blick über das Schwarzachtal und die Umgebung.

Die Burg ist heute im Besitz der Gemeinde und beherbergt ein kleines Museum, das Leben und Arbeiten der Bevölkerung um 1920 zeigt. Neben Festen und Feiern im Sommer werden auch Burgtrauungen angeboten. Ein großes Highlight ist der Weinachtsmarkt, der immer am dritten Adventswochenende im stimmungsvollen Burghof stattfindet. Das Burgthann Museum mit Kanalmuseum ist jeden 1. und 3. Sonntag im Monat von 13.30–16.30 Uhr geöffnet, im Winterhalbjahr nur jeden 1. Sonntag im Monat.

Rehmedaillons und Perlhuhnbrüstchen in Wildrahmsauce

Für 4 Portionen

Für die Rehmedaillons: 800 g Rehrücken | 1 Karotte | ½ Lauchstange | 70 g Knollensellerie | 5 EL Rapsöl | 1 Zwiebel, fein gehackt | 300 ml Rotwein | Salz und schwarzer Pfeffer aus der Mühle | 5 Wacholderbeeren | 1 Lorbeerblatt | 10 schwarze Pfefferkörner | 1 Thymianzweig | 1 EL Preiselbeeren | 1 EL Aceto balsamico | 100 g Mehl Type 405 | 80 g Sauerrahm

Für die Perlhuhnbrüstchen: 1 EL Rapsöl | 4 Perlhuhnbrüstchen

Zum Anrichten: 350 g Pfifferlinge, in heißer Butter geschwenkt und mit Salz und schwarzem Pfeffer aus der Mühle gewürzt

■ Den Rehrücken entbeinen. Die Karotte schälen und in Stücke schneiden. Den Lauch putzen, waschen und in Stücke schneiden. Den Sellerie schälen und in Würfel schneiden. 2 Esslöffel Öl erhitzen und die Karkassen anbraten. Das Wurzelgemüse sowie die Zwiebeln hinzufügen und kräftig anbraten. Mit dem Rotwein ablöschen. Mit 500 ml Wasser auffüllen. Auf 300 ml reduzieren und die Gewürze sowie den Thymianzweig dazugeben. 10 Minuten köcheln lassen.

■ Anschließend die Karkassen entfernen und die Preiselbeeren sowie den Aceto balsamico hinzufügen. Mehl, Sauerrahm und ein wenig Wasser verrühren. 2 Esslöffel Wildfond damit abbinden, aufkochen lassen und durch ein Sieb passieren. Warm halten.

■ Den Backofen auf 160 °C vorheizen. Das Öl in einer ofenfesten Pfanne erhitzen und die Perlhuhnbrüstchen auf beiden Seiten anbraten. Anschließend im heißen Ofen 15 Minuten garen.

■ Den Rehrücken in acht Medaillons schneiden. Das restliche Öl in einer Pfanne erhitzen und die Medaillons von jeder Seite 3 Minuten braten. Die Sauce als Spiegel auf die Teller geben, die Pfifferlinge darauf anrichten und obenauf jeweils zwei Rehmedaillons und ein Perlhuhnbrüstchen legen. Als Beilage zu empfehlen ist Kartoffelgratin.

Die Küche in der Blauen Traube orientiert sich an den saisonalen Produkten der Region.

26

Zwischen Bier und Karpfen

Monika Wirth
im Löwenbräu in Neuhaus

Karpfen werden unter den Händen von Monika Wirth zu Köstlichkeiten und Bier gibt es in dem fränkischen Landgasthof nicht nur vom Fass. Die Bierspezialitäten der Hausherrin sind deftige, aber auch süße Verführungen in Form von Gelees, Pralinen und Desserts.

Bier und Karpfen waren eine beliebte Fastenspeise der Mönche und haben in Franken eine mehr als 1000-jährige Tradition. Im Brauereigasthof Zum Löwenbräu in Neuhaus wird sie bis heute gepflegt. Das Bier stammt aus dem eigenen Sudkessel, der Karpfen hüpft förmlich aus den vor der Haustür liegenden Aischgründer Teichen in den Kochtopf von – nomen est omen – Köchin und Wirtin Monika Wirth.

Der einladend aussehende Gasthof liegt direkt am Karpfenradweg, der die beiden fränkischen Karpfenhochburgen, den Aischgrund und Dinkelsbühl, miteinander verbindet. Der Weg nach Neuhaus lohnt sich aber auch mit dem Auto. Das Löwenbräu ist ein fränkischer Bilderbuchgasthof. Alle Renovierungssünden der 1960er-Jahre wurden gründlich ausgemerzt, sodass sich die Gäste heute in der altfränkischen Gaststube, die mit Antiquitäten und alten Brauereirequisiten ausgestattet ist, so richtig wohlfühlen.

Die Küche der Monika Wirth ist nicht nur wegen des Aischgründer Karpfens berühmt. Der kommt traditionell gebacken oder blau auf den Teller, aber auch asiatisch süßsauer mit Zitronengras aus dem Wok, als Filet in Bier-Senf-Sauce oder als »Knusperle« zu gartenfrischem Salat. So gut und frisch schmeckt der Karpfen selten. »Gebackener Karpfen muss sich auf dem Teller wölben, sonst ist er nicht frisch«, klärt die Wirtin ihre Gäste auf. Ihren Aischgründer Spiegelkarpfen bezieht sie in Bioqualität aus den Weihern des Bundes Naturschutz. Dazu schmeckt am besten die

Adresse
Zum Löwenbräu
Neuhauser Hauptstraße 3
91325 Adelsdorf – OT Neuhaus
Telefon: +49 9195 923310
Fax: +49 9195 9233180
E-Mail: info@zum-loewenbraeu.de
www.zum-loewenbraeu.de

Öffnungszeiten
Siehe Website.
Ab Mitte Juli bis Ende August sind zwei Tischzeiten zu beachten: 11.30–13.00 Uhr und 13.10–14.30 Uhr.
Während dieser Wochen ist der So Ruhetag.

Hinweis
Das Hotel ist barrierefrei, zum Restaurant sind zwei Stufen zu überwinden. Keine behindertengerechten Sanitärräume.

Hinter dem Wirtshausschild verbirgt sich ein Zusammenschluss von Gasthöfen, in denen noch handwerklich gebraut und gekocht wird. Die »Karpfenweiße« belegte beim European Beer Star Award in der Kategorie Bernsteinfarbenes Hefeweizen einige Male Gold.

Die gemütliche Stube wird den Gästen wohl noch lange erhalten bleiben. Denn die drei erwachsenen Kinder von Monika Wirth sind schon in die Fußstapfen der Eltern getreten.

Karpfenweiße von Braumeister und Ehemann Benno Wirth, der diesen Beruf in der neunten Generation ausübt.

In Strömen fließt das Bier im Sommer auf dem zur Brauerei gehörenden Felsenkeller. Es ist ein alter fränkischer Brauch, das Bier »auf den Kellern«, in denen es früher gekühlt wurde, unter schattigen Bäumen zu trinken. An die 600 Gäste fallen an schönen Tagen dort ein und haben nicht nur Durst, sondern auch Hunger. Mit Begeisterung stürzen sie sich dann auf die Bierbratensülze und das selbst gebackene Malzschrotbrot aus dem Steinbackofen von Monika Wirth oder ordern den beliebten Bratwurstsalat oder Bratwurstschaschlik. Bewundernswert, was die Löwenbräuwirtin und Mutter von drei Kindern alles aus Bier und den bei seiner Herstellung entstehenden Nebenprodukten zaubert: in Malzschrot panierte Braumeistermedaillons, Bierkutschersteak, Braumalzparfait oder karamellisierte Biercreme. Wie viel Fantasie und was für eine Energie steckt in diesen Rezepten! Monika Wirth tüftelt so lange, bis sie mit dem Ergebnis zufrieden ist. So sind ihr auch die exzellenten Bierpralinen gelungen, das Biergelee und die mit Bierbrand gefüllten Bierstängle, die bei den Gästen auch als Mitbringsel beliebt sind. Der Bierbrand stammt übrigens auch aus der hauseigenen Brennerei und ist nicht nur als Schokoladenpraline, sondern auch als Verdauungsschnaps eine feine Sache.

Nach einem ausgiebigen Mahl und vielleicht einer ebenso ausgiebigen Bierprobe, die im Löwenbräu angeboten wird, empfiehlt es sich, eines der 25 Gästezimmer des »Flair«-Gasthofs in Anspruch zu nehmen. Sie sind hübsch eingerichtet und dekoriert, wie übrigens das ganze Haus. Da zeigen sich alle Talente der Wirtin, die nicht nur die Marmeladen zum Frühstück aus eigenem Obst herstellt, sondern auch das Sauerteigbrot selbst bäckt.

So manche Auszeichnung hat Monika Wirth schon für ihre Kochkunst erhalten. Das ändert aber nichts daran, dass die patente Hauswirtschaftsmeisterin sich noch ein weiteres Ziel gesetzt hat. Küchenmeisterin möchte sie werden. Nötig hätte sie es wahrlich nicht, sie kocht auch so schon ausgezeichnet.

Ausflugstipp

Zu empfehlen ist ein Spaziergang oder besser noch ein Radausflug in die Aischgründer Teichlandschaft. Es sind nur ein paar hundert Meter bis zu den ersten Weihern, in denen sich die beliebten Speisefische tummeln. Der Karpfen, der ursprünglich aus chinesischen Gewässern stammt, war schon den Römern eine beliebte Delikatesse. Durch Neuhaus führt auch der Karpfenradweg; die Route verläuft von Dinkelsbühl nach Erlangen. Auch ein Gepäcktransport für die nicht so sportlichen Radler ist möglich. Information über www.karpfenradwege-franken.de.

Karpfenfilet in Bier-Senf-Sauce

Für 4 Portionen

4 Karpfenfilets à 200 g | Salz und schwarzer Pfeffer aus der Mühle | 1 EL Butterschmalz | 1 kleine Zwiebel | 30 g Butter | 40 g Mehl Type 405 | 400 ml Fischfond | 100 g Sahne | 170 ml Weizenbier | 1 TL mittelscharfer Senf | Saft von ½ Zitrone

- Die Karpfenfilets mit Salz und Pfeffer würzen.
- Das Butterschmalz in einer Pfanne zerlassen und die Karpfenfilets auf beiden Seiten bei niedriger Hitze goldgelb braten.
- Für die Sauce die Zwiebel schälen und fein hacken.
- Die Butter in einer Pfanne zerlassen, das Mehl hinzufügen und unter Rühren etwas Farbe nehmen lassen. Mit dem Fischfond nach und nach aufgießen, glatt rühren und zum Kochen bringen. Bei niedriger Hitze 5–10 Minuten köcheln lassen.
- Die Sauce durch ein feines Sieb passieren. Sahne und Bier hinzufügen und mit Salz und Pfeffer, Senf und Zitronensaft abschmecken.
- Die Karpfenfilets auf vorgewärmten Tellern anrichten und mit Bier-Senf-Sauce umgießen.
- Als Beilage eignen sich Reis oder Bratkartoffeln.

In dem Brauereiladen der Monika Wirth gibt es viel Verführerisches: wunderbare Marmeladen, Biergelee, Bierkonfekt, Bierbrand aus der hauseigenen Brennerei und vieles mehr. Dazu für die Gesundheit und Schönheit: Hopfencremes, Hopfenölbäder, Hopfenseifen, Hopfentinkturen, Hopfentees ... alles aus dem grünen Gold.

27

Luthertrunk und jahrhundertealte Brautradition

Kerstin Pilarzyk
im Braugasthof Grosch in Rödental

Adresse
Brauerei Grosch
Oeslauer Straße 115
96472 Rödental
Telefon: +49 9563 7500
Fax: +49 9563 750147
E-Mail: info@der-grosch.de
www.der-grosch.de

Öffnungszeiten
Ganzjährig geöffnet außer am 24. und 25. Dezember
Frühstück 7.00–10.00 Uhr
Restaurant 11.30–22.00 Uhr

Hinweis
Der Gasthof ist barrierefrei und mit einem behindertengerechten WC ausgestattet.

Wer den Jahreslauf in Bieren kennenlernen möchte, sollte bei Kerstin Pilarzyk einkehren. Zu jeder Jahreszeit wird das entsprechende Bier gebraut und die Küche bietet die passenden Schmankerl dazu. Berühmt ist der Brauereigasthof für sein unfiltriertes, bernsteinfarbenes Lutherbier und seine gutbürgerliche fränkische Küche.

Schon 1425 wird zu Oßleyn eine Schankstatt erwähnt, die 1492 ein Braurecht bekommt. Dieses Braurecht wird noch heute im Gasthof Grosch in Rödental vor den Toren Coburgs ausgeübt. Das Herz der aus verschiedenen Gemeinden zusammengewürfelten Stadt, in den Ausläufern des Thüringer Waldes gelegen, ist der ehemalige Ort Oeslau. Dessen Mittelpunkt ist der schmucke Brauereigasthof mit seiner über 500-jährigen Tradition. Heute liegt er an der verkehrsreichen B4, früher verlief hier die bedeutende Handelsstraße von Nürnberg nach Leipzig. Wer weiß, vielleicht kehrte auch Martin Luther in dem Gasthaus ein, als er sich 1530 mehrere Monate auf der nahen Veste Coburg aufhielt. Der erste Anstich des Luthertrunks war jedenfalls ein Ereignis, von dem Hausherrin Kerstin Pilarzyk (2001 hat sie die Leitung des Hauses von den Eltern übernommen) schwärmt. Das süffige, unfiltrierte Biobier wurde zur 515-Jahr-Feier des Braurechts ihres Stammhauses eingeführt. Dazu, erzählt die rührige Hotelfachfrau, gab es ein Lutherbuffet bei Kerzenschein, mit Speisen wie zu Luthers Zeiten – und das alles zur Erbauung von 500 geladenen Gästen.

Klein-klein entspricht nicht der Tradition im Hause Grosch. Die geräumigen alten Gaststuben sind mittags und abends voll, das Bier

Gastronomischer Mittelpunkt des Ortes Rödental ist der 500 Jahre alte Braugasthof Grosch.

Die geräumigen alten Gaststuben sind jeden Tag mittags und abends voll. Eine der vielen Bierspezialitäten ist der süffige helle Bock mit 17 Prozent Stammwürze und 7 Prozent Alkohol.

fließt in Strömen zu deftig Fränkischem: Sauerbraten, Wild, Rouladen, Gänsebrust und Klöße. Die werden im Grosch noch selbst hergestellt, traditionell, aus gekochten und rohen Kartoffeln, und dann, wie es sich gehört in Franken, mit nassen Händen ins Wasser »reingebatscht«.

Fränkische Küche wird im Grosch auch hin und wieder neu interpretiert, zum Beispiel bei dem regelmäßig stattfindenden Bierkulinarium. Als Mitglied der privaten Brauereigasthöfe Deutschlands spielt die Pflege der Bierkultur eine große Rolle. Dazu gehören auch Brauereiführungen und Bierproben.

Im Grosch wird der Jahreslauf vom Bier bestimmt. Das »Bierjahr« beginnt im Herbst, zur Kirchweih, mit dem Bockbieranstich, der mit 1000 Gästen gebührend gefeiert wird. Der helle Bock schmeckt besonders zu hausgemachtem Treberbrot und Griebenschmalz. Im Wonnemonat Mai wird ein extra Hochzeitsbier gebraut, gefolgt von dem leichten Erntebier. Mit nur 3 Prozent Alkohol ein ausgezeichnetes Sommergetränk. Das ganze Jahr über Saison haben das Prinz Albert Pils, der Fuhrmannstrunk, ein süffiges Schwarzbier, sowie das unfiltrierte Zwickelbier. Der alkoholfreie Malztrunk, der nach altem Rezept gebraut in der Bügelflasche ausgeschenkt wird, ist nicht nur ein beliebtes Getränk. In der Küche werden daraus herbsüße Desserts hergestellt.

Für Brauerei und Küche hat Wirtin Kerstin Pilarzyk kompetente Fachleute engagiert. Ihr Metier ist der Service, sie liebt den Kontakt mit den Gästen. Wäre Kerstin Pilarzyk nicht umtriebige Wirtin des Brauereigasthofes geworden, sie würde wohl Manager coachen oder Verbrecher jagen. Diesen Beruf hätte sie sich auch gut vorstellen können.

Ausflugstipp: Schloss Rosenau

Das Geburtshaus von Prinz Albert, dem Prinzgemahl von Queen Victoria von England, inmitten des herrlichen englischen Parks erreicht man vom Brauereigasthof aus bequem zu Fuß. Man kommt an der renommierten Porzellanfabrik Goebel, dem Stammhaus der Hummelfiguren, vorbei. Die Räume des Schlosses sind als Museum zugänglich, in der ehemaligen Orangerie kommen Freunde von schönem Glas auf ihre Kosten. Information über www.sgvcoburg.de.

Hausgemachte Klöße

Für 4 Portionen

1,75 kg mehligkochende Kartoffeln | Salz | Kartoffelstärke nach Bedarf

■ 1 kg Kartoffeln in der Schale weich kochen. Die restlichen Kartoffeln schälen und roh reiben. In einem Säckchen diese Masse sorgfältig auspressen, in eine Schüssel geben und salzen.

■ Die gekochten Kartoffeln pellen und noch heiß durch die Kartoffelpresse drücken. In zwei Portionen teilen und nacheinander zur rohen Kartoffelmasse geben. Dabei jeweils kräftig rühren. Falls die Masse zu wenig fest ist, ein wenig Kartoffelstärke hinzufügen. Nun die Klöße – wichtig! – mit feuchten Händen formen.

■ Reichlich Salzwasser in einem großen Topf zum Kochen bringen. Die Hitze reduzieren und die Klöße im siedenden Wasser ziehen lassen. Wenn die Klöße an die Oberfläche steigen, mit einem Schaumlöffel herausnehmen und sorgfältig abtropfen lassen.

Apfelküchle

Für etwa 30 Stück

200 g Mehl Type 405 | 150 g Zucker | 250 ml Milch oder Bier | 3 EL Sonnenblumenöl | 2 Eier, getrennt | Salz | 6 Äpfel, vorzugsweise Boskop | 2 EL Puderzucker | 400 g Butterschmalz | 10 g Zucker | 1 gestr. TL Zimtpulver

■ Das Mehl in eine Schüssel sieben. Zucker, Milch bzw. Bier, Öl, die Eigelbe und eine Prise Salz dazugeben und rasch glatt rühren, damit der Teig nicht zäh wird. Das Eiweiß zu Schnee schlagen.

■ Die Äpfel schälen, das Kerngehäuse mit einem Kernausstecher entfernen und das Fruchtfleisch in etwa ½ cm dicke Ringe schneiden. Mit ein wenig Puderzucker bestäuben.

■ Den Eischnee unter den Ausbackteig heben und die Apfelscheiben durch den Ausbackteig ziehen. Das Butterschmalz in einer breiten, hohen Pfanne zerlassen und die Apfelküchle darin auf beiden Seiten goldbraun backen.

■ Die Apfelküchle mit dem Schaumlöffel herausnehmen und auf Küchenpapier abtropfen lassen. Zucker und Zimt vermengen. Die Apfelküchle im Zimtzucker wenden und anrichten.

In Rödental wird nicht nur gerne Bier getrunken. Nie ausgehen dürfen auch die die hausgemachten Klöße nach Thüringer Art. Den Unterschied zu bayerischen Knödeln muss Kerstin Pilarzyk ihren Gästen immer wieder erklären: »Wenn man den bayerischen Kartoffelknödel an die Wand wirft, kommt er zurück, der Thüringer Kloß bleibt kleben und rutscht die Wand hinunter, daher auch der Name ›Rutscher‹.«

BRAUEREI
MERKENDORF

28

Die Restauratorin am Herd

Ingrid Winklmann im GlanzersMichl in Scheßlitz

Adresse
Wirtshaus GlanzersMichl
Kirchgasse 1
96110 Scheßlitz/Straßgiech
Tel.: +49 9542 342622
E-Mail: info@glanzersmichl.de
www.glanzersmichl.de

Öffnungszeiten
Fr 17.00–22.00 Uhr
So 16.00–22.00 Uhr
Mittagstisch jeden 1. und 3. So im Monat 11.00–14.00 Uhr

Hinweis
Barrierefreiheit ist eingeschränkt gegeben. Zur Haustür muss eine Stufe überwunden werden.

Sie traute sich was. Lange stand das alte Bauernhaus im Scheßlitzer Ortsteil Straßgiech leer. Niemand wollte es. Ingrid Winklmann schreckte der schlechte Zustand nicht ab. Schließlich ist sie Fachfrau und machte aus dem alten Fachwerkhaus ein wahres Schmuckstück.

Gegenüber die kleine Barockkirche, nebenan der Bach, idyllischer kann ein Wirtshaus kaum liegen. Die Idee, aus dem ehemaligen Bauernhaus ein Wirtshaus zu machen, kam der Kunsthistorikerin und Restauratorin allerdings erst während der Bauarbeiten. Wer weiß, vielleicht stand ja insgeheim der Hausname schon Pate. Denn der »Michl«, der nicht Glanzer hieß, sondern Morgenroth und seines Zeichens vorletzter Besitzer des Hauses war, trank gerne ein paar Halbe Bier. Die brachten so viel Glanz in sein Gesicht, dass er im Dorf nur der »Glanzer's Michl« hieß.

Ein Dorfwirtshaus ist die gute Stube von Ingrid Winklmann allerdings nicht geworden. Es gibt zwar einen Herrgottswinkel, aber keinen Stammtisch, und das Wirtshaus ist nur freitags und sonntags geöffnet. Ein urgemütlicher Kachelofen sorgt für wohlige Wärme und mit seinen handgetöpferten roten Kacheln ist er das Schmuckstück der sonst eher schlicht gehaltenen Stube, die natürlich vorbildlich restauriert ist: gekalkte Wände, Schablonenmalerei wie früher, Türen aus alten Abbruchhäusern und mundgeblasenes Glas, das in den Fenstern schimmert. Jeder Balken des Hauses ist exakt datiert. Die ältesten stammen aus dem Jahr 1715.

Ingrid Winklmann studierte nicht nur Kunstgeschichte, sondern auch Denkmalpflege und ihr Spezialgebiet ist die Bauforschung. Das mit der Wirtin hat sie oft im Spaß gesagt. Wenn sie keine Aufträge mehr als Bauforscherin bekommt, dann werde sie Wirtin.

Das Wirtshaus ist eine Bereicherung für den Ort, auch wenn die Einheimischen nicht zu den Stammgästen gehören.

Die Stube, ja das gesamte Ensemble, überzeugt durch Schlichtheit und die Qualität der handwerklichen Arbeit. Alles wurde von Handwerkern der Region gefertigt.

Die Aufträge hat sie noch, deshalb ist sie nur »Wochenendwirtin«. Sie liebt beides: im alten Gemäuer forschen und in der Küche für ihre Gäste kochen. Gekocht hat sie sowieso schon immer gerne. Schäufele und Schweinebraten, also Klassisches, gibt es nur sonntags, ansonsten was die Jahreszeiten und der Markt zu bieten haben und was sie gerade inspiriert. Jeden Freitagabend gibt es ein Menü, mal Fisch, mal Fleisch, mal vegetarisch, aber immer etwas ausgefallener als in anderen Wirtshäusern: beispielsweise Topinambursuppe mit Lorbeer-Vanille-Öl, Tafelspitz, in Rotwein geschmort, mit Pariser Gnocchi (aus Brandteig), dazu Wurzelgemüse und als Dessert Blaukrautparfait mit weißer Schokomousse und karamellisierten Walnüssen. Manchmal auch »Göger« (Gockel) vom Bauern und als Brotzeit Käse vom Biohof.

Im Sommer sitzt man idyllisch vor der schönen Fassade des Hauses mit Blick auf die Barockkirche. Radler und Wanderer kommen vorbei und gönnen sich eine Pause. Aber richtig gemütlich ist es drinnen an den langen Holztischen in der Wirtsstube.

Für den Sonntagabend ist eine Reservierung unbedingt erforderlich. Aber auch freitags sollte man sich einen Tisch reservieren lassen, denn die Stube hat nur 30 Plätze. Es hat sich inzwischen bis Bamberg und Bayreuth und auch im weiteren Umkreis herumgesprochen, dass es da ein nicht alltägliches Wirtshaus gibt. Bestellen Sie den Newsletter, dann sind Sie immer auf dem Laufenden, was die Küche im Glanzersmichl zu bieten hat.

Ausflugstipp

Wer nach Scheßlitz fährt, kann die mittelalterliche Burganlage nicht übersehen. Die Giechburg, auch Burg Giech genannt, thront hoch über dem Ort und bietet einen herrlichen Blick über das Regnitztal. Die mächtige Burganlage entstand während des Mittelalters, wohl um die einfallenden Ungarn abzuwehren. Doch die Glanzzeit der Giechburg war im 17. Jahrhundert unter Fürstbischof Johann Philipp von Gebsattel, der sie zum fürstlichen Renaissanceschloss ausbaute. Mit der Säkularisation verlor sie ihre Bedeutung und verfiel, bis in den 1970er-Jahren der Landkreis Bamberg die Ruine übernahm und teilweise zu einem Tagungszentrum ausbaute. Heute gibt es hier einen Burggasthof mit Übernachtungsmöglichkeit. Die Giechburg erreicht man mit dem Auto. Von hier aus empfehlen wir eine kleine, knapp drei Kilometer lange Wanderung zur Wallfahrtskirche Gügel.

Holunderblüten-Panna-cotta

Star der Sommer-Dessertküche: Holunderblüten. Sie verfeinern viele Gerichte, besonders aber Getränke und Süßes. Zwischen Mai und Juli sammelt Ingrid Winklmann die zarten Holunderblütendolden direkt von den Scheßlitzer Sträuchern.

Für 4 Portionen

300 g Sahne | 80 g Zucker | 8 schöne große Holunderblütendolden | 3 Blatt Gelatine | 200 g Joghurt | Minzeblätter

- Die Sahne mit dem Zucker aufkochen lassen. Die Holunderblüten (ohne Stiele) etwa 30 Minuten in der heißen Sahne ziehen lassen, danach abseihen. In der Zwischenzeit die Gelatine in kaltem Wasser einweichen, ausdrücken und bei niedriger Hitze flüssig werden lassen. Die Sahne dazurühren, danach den Joghurt unterrühren und auf vier Gläser verteilen. Mindestens 6 Stunden kühl stellen. Mit Minzeblättern dekorieren.
- Schmeckt ebenso gut mit duftenden Rosenblütenblättern oder blühendem Lavendel.
- Mit frischen Erdbeeren oder einem Rhabarberkompott servieren: Hierfür einen Sirup aus frisch gepresstem Orangensaft, Zucker, einer in Scheiben geschnittenen Biozitrone, Bioorangenabrieb, Sternanis und Zimtstange kochen. Abseihen und den geputzten und in kleine Würfel geschnittenen Rhabarber darin einmal kurz aufkochen lassen. Sofort vom Herd nehmen und rasch abkühlen lassen, damit der Rhabarber nicht zerfällt. Nach Belieben den Sud leicht mit etwas Speisestärke andicken und mit ein wenig Orangenlikör verfeinern.

Fränkischer Bauerngöger in Silvaner mit Gemüse

Für 4 Portionen

1 großer Bauerngöger (etwa 2 kg), bratfertig | Salz und schwarzer Pfeffer aus der Mühle | Sonnenblumenöl | 2 große Zwiebeln | 1 Zitronengrasstängel | 250 ml Silvaner | 500 g grüner Spargel | 2 Kohlrabi mit viel Grün | 500 g Karotten | 250 g Sahne | 80 g Butter | Noilly Prat nach Belieben

Göger (auch Gögerla) ist der fränkische Ausdruck für Gockel. Die Tiere bezieht Ingrid Winklmann direkt vom Bauernhof.

■ Den Backofen auf 160 °C vorheizen.

■ Den Hahn in vier Teile zerlegen und mit Salz, Pfeffer und ein wenig Öl einreiben. Die Zwiebeln schälen und in grobe Stücke schneiden. Das Zitronengras waschen. Das Fleisch in eine große Reine legen, die Zwiebeln und das Zitronengras hinzufügen und etwa 15 Minuten im heißen Ofen braten. Mit dem Silvaner übergießen und etwa 30 bis 45 Minuten weiterschmoren. Eventuell ein wenig Wasser angießen.

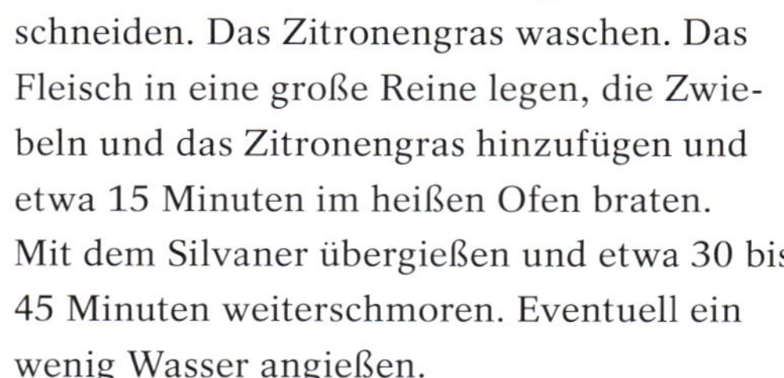

■ Das Gemüse waschen, nach Bedarf schälen und in Stifte bzw. Stücke schneiden. Das Kohlrabigrün in Streifen schneiden.

■ Wenn das Fleisch gar ist, dieses herausnehmen und warm stellen. Den Bratenansatz loskochen und in einen Topf abseihen. Mit Sahne auffüllen und ein wenig dicklich reduzieren lassen. Eventuell zusätzlich mit ein wenig Speisestärke leicht binden.

■ Die Butter in einem Topf zerlassen und das Gemüse nacheinander anschwitzen: zuerst die Karotten, dann den Kohlrabi, zuletzt den Spargel. In derselben Reihenfolge das Gemüse an die Sauce geben und bissfest gar köcheln lassen. Erst kurz vor dem Servieren das ebenfalls in Butter angeschwitzte Kohlrabigrün dazugeben. Nach Belieben mit ein wenig Noilly Prat abschmecken.

■ Die Teile des Gögers und das Gemüse auf den Tellern anrichten. Dazu Weißbrot reichen.

Topinambursuppe mit Lorbeer-Vanille-Öl

Für 4 Portionen
Für die Suppe: Weißweinreduktion | 1 kg Topinambur | 600 ml Milch | 600 g Sahne | Salz und weißer Pfeffer aus der Mühle | frisch geriebene Muskatnuss
Für die Suppeneinlage: 200 g Butter | 125 ml Rinderbrühe | 1 Lorbeerblatt | 2 Wacholderbeeren | 1 Rosmarinzweig | 3 Thymianzweige | 1 Knoblauchzehe, geschält | 4 Topinamburen, sorgfältig gewaschen, nicht geschält
Für das Öl: 4 frische Lorbeerblätter | 100 ml Traubenkernöl, kaltgepresst | Mark von 1 Vanilleschote

■ Zuerst die Weißweinreduktion herstellen: Dazu 1 fein gehackte Schalotte, je 1 Stängel Estragon und Petersilie, ½ Lorbeerblatt, 5 weiße Pfefferkörner, 2 Esslöffel Weißweinessig und 125 ml Weißwein in einem Topf aufkochen lassen. Die Hitze reduzieren und die Flüssigkeit auf ein Viertel einkochen lassen. Die Weißweinreduktion durch ein Sieb passieren und abkühlen lassen.

■ Die Topinamburen schälen und in grobe Stücke schneiden. In leicht gesalzenem Wasser gar kochen, abgießen. Milch und Sahne aufkochen lassen, die gegarten Topinamburen dazugeben und etwa um die Hälfte einköcheln lassen. Mit dem Pürierstab glatt mixen und mit Salz, weißem Pfeffer, Muskat und der Weißweinreduktion würzen.

■ Für die Einlage den Backofen auf 160 °C vorheizen. Die Butter in einem kleinen ofenfesten Schmortopf zerlassen. Die Rinderbrühe sowie Kräuter und Gewürze dazugeben. Die Topinamburknollen in den Sud geben und zudecken. Im heißen Ofen 2 Stunden garen. Anschließend herausnehmen und die Knollen in jeweils drei Stücke teilen. Zum Anrichten auf die Suppe legen.

■ Für das Öl die Lorbeerblätter in feine Streifen schneiden und mit dem Öl und dem Vanillemark mischen. Alles leicht auf max. 50 °C erwärmen, die ausgekratzte Vanilleschote einlegen und das Lorbeer-Vanille-Öl 2 Stunden auf der Herdplatte stehen lassen. Danach abseihen.

■ Die Suppe in tiefe Teller füllen und die geschmorten Topinamburen einlegen. Mit jeweils 1 Esslöffel Lorbeer-Vanille-Öl beträufeln.

Topinambur ist eine alte Gemüsesorte, die heute, vor allem im Bamberger Land, wieder häufig angebaut wird. Die Bamberger Gärtner sind überhaupt bekannt für die Vielfalt an Gemüse, das sie anbieten. Heute widmen sie sich sogar wieder dem Süßholz, wofür sie früher berühmt waren.

29

Barocke Verführung

Dominika Brendel
im Hotel Krone in Gößweinstein

Adresse
Hotel Krone
Balthasar-Neumann-Straße 9
91327 Gößweinstein
Telefon: +49 9242 207
Fax: +49 9242 7362
E-Mail
krone-goessweinstein@t-online.de
www.krone-goessweinstein.de

Öffnungszeiten
Täglich 11.00–21.00 Uhr,
durchgehend warme Küche
Di Ruhetag

Hinweis
Das Haus ist bedingt barrierefrei.

Wallfahrer, Ausflugs- und Urlaubsgäste pilgern gleichermaßen zum Kuchenbüfett von Dominika Brendel. Ihre süßen Verführungen sind so üppig wie der Barockstil der Basilika, auf die man von der Sonnenterrasse des Hauses einen herrlichen Blick genießt.

Die Wallfahrtskirche zur Heiligen Dreifaltigkeit von Gößweinstein ist seit Jahrhunderten ein Magnet. Von Mai bis September kommen zahllose Pilgergruppen aus nah und fern hierher. Gößweinstein ist das Oberammergau der Fränkischen Schweiz.

Von der Restaurantterrasse des Gasthofs Krone genießt man zweifellos den besten Blick auf die prächtige Basilika, die kein Geringerer als Balthasar Neumann erbaute. Sie gilt als Juwel der Barockarchitektur und ihre harmonische Innenausstattung ist mindestens so eindrucksvoll wie die imposante Fassade.

Dominika Brendel ist mit diesem Anblick groß geworden und auch die Pilger sind ihr seit der Kindheit vertraut. Gemeinsam mit zwei Schwestern wuchs sie in einem Gastbetrieb, der Pension ihrer Mutter, auf, wo die Mädchen schon früh den Umgang mit Gästen, Service und Kontoführung lernten.

Der Beruf als Hotelkauffrau war der jungen Wirtin somit praktisch in die Wiege gelegt. Und als es darum ging, das väterliche Erbe anzutreten, zögerte sie nicht lange. Mit 26 Jahren übernahm sie die Verantwortung und führt seither den stattlichen Gasthof im Zentrum des Wallfahrtsortes. Ein schönes, aber kein leichtes Erbe, denn das Haus musste saniert und renoviert werden und die Mittel dazu waren nicht vorhanden.

Mit Charme und einer gehörigen Portion Geschicklichkeit verstand es die blonde Fränkin, aus der Not Tugenden zu machen. Die Zimmer ihres Gasthauses richtete sie mit »Nostalgiemöbeln« im Stil der 1930er-Jahre ein und da es anno dazumal keine Zimmer mit eigenem Bad gab, gibt es diese auch heute noch nicht.

Bis ins 16. Jahrhundert zurück lässt sich die Geschichte des Anwesens Krone verfolgen.

Seit 1907 befindet sich der Gasthof in Familienbesitz. Zur Krone gehört heute noch ein großes Grundstück mit 80 Obstbäumen. Sie liefern die Früchte für den hochprozentigen »Hausgeist«.

Für anspruchsvollere Gäste hat Dominika Brendel allerdings inzwischen ein weiteres Gästehaus dazugekauft.

Früher gehörten Landwirtschaft und Brauerei zur Krone, doch damit war schon in den 1960er-Jahren Schluss. Viele Obstbäume besitzt die Wirtin heute aber immer noch. Die Früchte verwendet Dominika Brendel nicht nur für ihre weithin berühmten und nicht nur von Wallfahrern geschätzten Blechkuchen – im Fränkischen auch »Plootz« genannt. Sie lässt auch Hochprozentiges daraus brennen. Edle Obstbrände sind genauso eine Spezialität des Hauses wie die beeindruckend große Schwarzwälder Kirschtorte, der Windbeutel und der Apfelstrudel oder – ihre neueste Kreation – die Wallfahrertorte. Ein Praktikum in einer Bayreuther Konditorei hat in der Wirtin die Leidenschaft fürs Backen geweckt und so erfindet sie jedes Jahr einen neuen Riesenblechkuchen nach Omas Art.

Daneben lässt die Speisekarte von Dominika Brendel auch erkennen, dass die Wirtin sehr wohl eine Schwäche hat für die bayerische, jedoch durchaus fränkisch inspirierte Küche. Wallfahrer und Wanderer stärken sich hier gerne mit echt fränkischer Kartoffelsuppe und Zwetschgenbames, dem leicht geräucherten Rinderschinken. Ein besonderes Lob gebührt dem Haus auch für die große Auswahl vegetarischer Speisen. Und so ist es nicht verwunderlich, dass Dominika Brendel beim Wettbewerb »Ausgezeichnete Bayerische Küche«, einem Gemeinschaftsprojekt des Bayerischen Staatsministeriums für Ernährung, Landwirtschaft und Forsten und des Bayerischen Hotel- und Gaststättenverbandes, regelmäßig in besonderer Weise gewürdigt wird.

Ausflugstipp: Balthasar-Neumann-Rundweg

Er wurde 2004 zum 250. Todestag des großen Barockarchitekten eingeweiht und führt zu den schönsten Aussichtspunkten rund um Gößweinstein: zum Kreuzberg, zum Gernerfelsen und zur Burg Gößweinstein. Die 1076 erstmals erwähnte Ritterburg hat ihren Namen höchstwahrscheinlich von ihrem Erbauer Graf Goswin. Die Burg befindet sich in Privatbesitz, kann aber teilweise besichtigt werden. Auf dem drei Kilometer langen Rundweg gelangt man von hier aus weiter zur Wagnershöhe und auf die Fischersruh. Von all diesen Punkten genießt man spektakuläre Blicke auf Gößweinstein und seine idyllische Umgebung.
Weitere Informationen: Tourist Information Gößweinstein, www.ferienzentrum-goessweinstein.de.

Dominika Brendels Riesenblechkuchen werden in einer 50-cm-Form gebacken. Wer die Wallfahrertorte in einer normal großen Backform (26 oder 28 cm Durchmesser) backen möchte, benötigt ein Drittel der Zutatenmengen.
Das Foto zeigt den Kirsch-Zimt-Streuselkuchen.

Wallfahrertorte

Für einen Backring mit 50 cm Durchmesser
600 g Zucker | 15 Eier | 1 EL Vanillezucker | 300 g Mehl Type 405 | 200 g gemahlene Haselnüsse | ½ TL Backpulver | 50 g Krokant | 30 g Zartbitter-Schokoladenblättchen | 1 kg Sahne | 750 ml Eierlikör | 18 Blatt Gelatine | 1,2 kg TK-Brombeeren, angetaut | Puderzucker

- Den Backofen auf 180 °C vorheizen.
- Den Zucker mit den Eiern und dem Vanillezucker 15 Minuten schaumig schlagen. Mehl, Haselnüsse, Backpulver und jeweils die Hälfte des Krokants und der Schokoladenblättchen unterheben.
- Ein Backblech mit Backpapier auslegen und den Backring auflegen. Die Masse einfüllen und im heißen Ofen 30 Minuten backen.
- Den Biskuitboden quer halbieren und den Backring auflegen.
- Die Sahne steif schlagen und mit dem Eierlikör verrühren. Die Gelatine in einem kleinen Topf in kaltem Wasser einweichen, anschließend bei niedriger Hitze auflösen, abkühlen lassen und unter die Eierlikörsahne rühren.
- Die Hälfte der Eierlikörsahne in den Backring füllen und die Brombeeren einzeln einstreuen. Die restliche Sahne darübergeben und den zweiten Biskuitboden auflegen. Kühl stellen.
- Vor dem Servieren mit reichlich Puderzucker, dem restlichen Krokant und den restlichen Schokoladenblättchen bestreuen.

30

Juwel im Steigerwald

Bettina Hofmann
im Gasthaus Hofmann in Schindelsee

Adresse
Gasthaus Hofmann
Schindelsee 1
96181 Rauhenebrach
Telefon: +49 9549 98760
Fax: +49 9549 987627
E-Mail: schindelsee@t-online.de
www.schindelsee.de

Öffnungszeiten
April bis Oktober
Mi, Do und Fr ab 17.30 Uhr
Sa, So und an Feiertagen
11.30–14.00 Uhr und
ab 17.30 Uhr

November bis März
Do und Fr ab 17.30 Uhr
Sa, So und an Feiertagen
11.30–14.00 Uhr und
ab 17.30 Uhr

Hinweis
Das Haus ist nicht barrierefrei.

Der Weg in die Abgeschiedenheit des Steigerwaldes lohnt sich. Obwohl weit abgelegen, ist dieses Gasthaus alles andere als provinziell. Bettina Hofmanns kreative und doch bodenständige Küche wird auch höchsten Ansprüchen gerecht. Die Slow-Food-Anhängerin zaubert Köstliches aus heimischen Produkten und auch ihre Weinauswahl zeigt Kennerschaft.

Wanderer, kommst du nach Schindelsee, dann kehre ein und lasse dich überraschen: kein rustikales Ambiente, keine Schnitzelorgie, keine fränkische Deftigkeit, auch keine altfränkische Gemütlichkeit, sondern schlichte Eleganz und Allerfeinstes aus heimischen Wäldern und Gewässern.

Ein köstliches Herbstmenü à la Bettina Hofmann kann zum Beispiel so aussehen: ausgelöste Wachtel, Feldsalat, schwarze Nüsse und Pfifferlinge, Kalbsrücken, Schnittlauchsauce, Kürbis-Kräuterpüree und frittierte Brennnesseln, Apfelküchla, Walnuss-Topfen-Schaum und Zimtparfait. Ihre Produkte bezieht Bettina Hofmann, soweit es möglich ist, aus der Region und behandelt sie respektvoll so, dass sie ihren optimalen Geschmack entfalten. Gekonnt achtet sie bei der Kombination ihrer Gerichte auf ausgewogene Nuancen.

Hier steht im tiefsten Steigerwald eine Köchin am Herd, die nicht nur in Sterneküchen wie im Düsseldorfer Schiffchen und im Münchner Königshof als Frau ihren Mann gestanden hat, sondern die es versteht, Sterneküche und großstädtisches Ambiente mit der Ursprünglichkeit ihrer Heimat perfekt zu verbinden. Professionell und ambitioniert wie die Küche ist auch der Service, flink und aufmerksam und kompetent genug, den Gast auch bei der Auswahl des Weins fachkundig zu beraten. Denn wie die Speisekarte hat auch die Weinkarte Erlesenes (vorwiegend aus Franken!) zu bieten.

Gasthaus Hofmann: Das alte Wirtshausschild stammt noch aus der Zeit der Vorfahren.

Heute liebt und schätzt Bettina Hofmann die Kreativität ihres Berufs, gegen den sie sich als Jugendliche gewehrt hatte. Vergeblich, denn der Vater hatte sie, die jüngste von drei Schwestern, als Nachfolgerin für den Gasthof bestimmt. Dass sie durch seinen Tod früher in die Pflicht genommen wurde als geplant, war nicht vorherzusehen.

Bettina Hofmann ist eine Rebellin, eine, der das Leben leider schon in jungen Jahren Zügel angelegt hat. Sie musste einige Schicksalsschläge hinnehmen, bei denen sie die Familie und damit auch ein Stück Rückhalt verlor. Umso bewundernswerter sind ihr Durchhaltevermögen und ihre Kreativität, mit der sie ihre Gäste immer wieder beeindruckt. Seien es die interessanten Weinmenüs, das überraschende Erlebnis, einmal im Dunkeln zu essen, oder die Verbindung von kulinarischen und literarischen Events: Im Jahresverlauf lässt sich die Slow-Food-Anhängerin immer wieder Neues einfallen.

Der Blick aus dem Fenster streift über Wiesen, Wald und Felder. Nach einem gelungenen Menü bei Bettina Hofmann lädt der Steigerwald zu ausgedehnten Spaziergängen ein.

Danach können müde Gäste übrigens wohlig in die Kissen sinken. Die Eltern hatten bereits in den 1970er-Jahren den ehemaligen Heustadel zu Fremdenzimmern umgebaut. Als Bettina Hofmann den Betrieb übernahm, merzte sie alle Anklänge an diese Epoche gründlich aus. Die Gästezimmer sind heute modern gestylt, mit viel Raum und Blick ins Grüne.

Auch hier zeigt sich wie im gesamten Haus ihr Anspruch an Qualität und ihre puristische Einstellung fernab jeglicher Landhausidylle.

Ausflugstipp

Bettina Hofmann zeigt ihren Gästen gerne den Weg zum Friedleinsbrunnen. Vom Gasthaus sind es rund drei Kilometer bis zu der Lichtung im Wald mit dem kleinen Jagdhaus und dem Brunnen, der einen verwunschenen See speist. An diesem Ort scheint die Zeit stehen geblieben und es lässt sich leicht imaginieren, dass der Brunnen zu Schillers Zeiten schon genauso wie heute vor sich hin sprudelte. Eine Inschrift erinnert daran, dass hier oft und gerne die vom Dichterfürsten verehrte Charlotte von Kalb verweilte.

Rehschäufela mit Steinpilz-Weckschmarrn und Wirsingwickel

Als Schäufela/Schäufele bezeichnen die Franken die Schulter eines Tieres. Rehschulter ist im Allgemeinen preisgünstiger als Rehkeule, schmeckt jedoch keineswegs weniger gut.

Für 4 Portionen

Für die Rehschäufela: 1 kg Rehschulter | 150 g Karotten | 80 g Knollensellerie | 1 Zwiebel | 500 ml trockener Rotwein | 2 TL weiße Pfefferkörner | 10 Wacholderbeeren | Lorbeerblätter | Salz | 2 EL Pflanzenöl | 1 gestr. EL Tomatenmark | 500 ml Wildfond | 80 g Butter

Für den Steinpilz-Weckschmarrn: 4 Eier | 6 Semmeln vom Vortag | 400 ml heiße Milch | Salz | frisch geriebene Muskatnuss | 1 große Zwiebel | 1 EL Butter | 500 g frische Steinpilze | 2 EL fein gehackte Petersilie |

Außerdem: 1 TL Butter | 1 EL Semmelbrösel

Für den Wirsingwickel: 1 Wirsing | 100 g geräucherter Bauchspeck | 1 Zwiebel | 100 g Butter | 500 g Sahne | Salz und schwarzer Pfeffer aus der Mühle | frisch geriebene Muskatnuss | 1 EL Butter | Semmelbrösel

■ Rehschäufela waschen und trocken tupfen. Die Karotten und den Sellerie schälen und in Würfel schneiden. Die Zwiebel schälen und fein hacken. Alles zusammen mit dem Fleisch und dem Rotwein sowie der Hälfte der Gewürze in eine Plastiktüte geben, verschließen und im Kühlschrank oder im kühlen Keller ein bis zwei Tage marinieren. Anschließend die Beize abgießen und auffangen, das Fleisch und das Gemüse sorgfältig trocken tupfen.

■ Das Fleisch mit Salz einreiben. Das Öl in einem Bräter erhitzen und das Fleisch rundum anbraten. Das Gemüse hinzufügen und kurz mitbraten. Das Tomatenmark dazugeben und weiterrösten. Mit der Beize nach und nach ablöschen. Die restlichen Pfefferkörner, Wacholderbeeren und das restliche Lorbeerblatt dazugeben und mit dem Wildfond auffüllen. Den Bräter zudecken und das Fleisch etwa 2½ Stunden garen.

■ Das Fleisch herausnehmen und warm halten. Den Fond durch ein Sieb passieren, in einem Topf erhitzen und auf etwa ein Drittel reduzieren, nochmals abschmecken und mit kalter Butter binden.

Mit den Produkten der Region und angepasst an die Jahreszeiten zu kochen – und dies zu moderaten Preisen –, das ist das Motto von Bettina Hofmann.

Im Weinkeller des Gasthauses ist neben den Frankenweinen noch Platz für internationale Gewächse. Die Wirtin ist auch hier immer offen für Neues.

- Für den Steinpilz-Weckschmarrn den Backofen auf 180 °C vorheizen.
- Die Eier trennen. Die Semmeln in Würfel schneiden und mit der Milch übergießen. Mit Salz und Muskat würzen. Die Zwiebel schälen und fein hacken.
- Die Butter in einer Pfanne zerlassen und die Zwiebeln sowie die in feine Scheiben geschnittenen Steinpilze bei niedriger Hitze anbraten. Die Petersilie unterrühren. Von der Kochstelle nehmen und abkühlen lassen.
- Anschließend die eingeweichten Semmeln mit den verquirlten Eigelben und der Zwiebel-Pilz-Mischung vermengen.
- Das Eiweiß sehr steif schlagen und vorsichtig unter die abgekühlte Semmelmasse heben.
- Vier Förmchen mit der Butter ausstreichen und die Semmelbrösel einstreuen. Die Semmelmasse einfüllen und im heißen Ofen 30–40 Minuten backen.
- Für den Wirsingwickel den Backofen auf 180 °C vorgeheizt lassen.
- Den Wirsingkopf putzen. Die großen Außenblätter von den dicken Rippen befreien und in Salzwasser kurz blanchieren, anschließend in Eiswasser abschrecken. Nebeneinander auf ein Küchentuch legen und trocken tupfen. Den Rest des Wirsings in schmale Streifen schneiden.
- Den Speck in Würfel schneiden. Die Zwiebel schälen und fein hacken.
- Die Butter in einer hohen Pfanne zerlassen und die Zwiebeln sowie den Speck bei niedriger Hitze anbraten. Die Wirsingstreifen hinzufügen, durchrühren und mit der Sahne auffüllen. Mit Salz, Pfeffer und Muskat würzen und zugedeckt 10 Minuten dünsten.
- Die Außenblätter des Wirsings in Form schneiden. Die Wirsingmasse darauf verteilen und zu Rouladen rollen.

■ Die Wirsingwickel in eine Reine oder einzelne Formen setzen und im heißen Ofen 10 Minuten backen.
■ In der Zwischenzeit die Butter in einer kleinen Pfanne aufschäumen und die Semmelbrösel darin etwas »schmurgeln« lassen.
■ Die Wirsingwickel mit den Semmelbröseln einstreichen.
■ Das Fleisch in Scheiben schneiden, auf vorgewärmten Tellern anrichten, mit der Sauce umgießen und mit jeweils einer Portion Weckschmarrn und einem Wirsingwickel servieren.

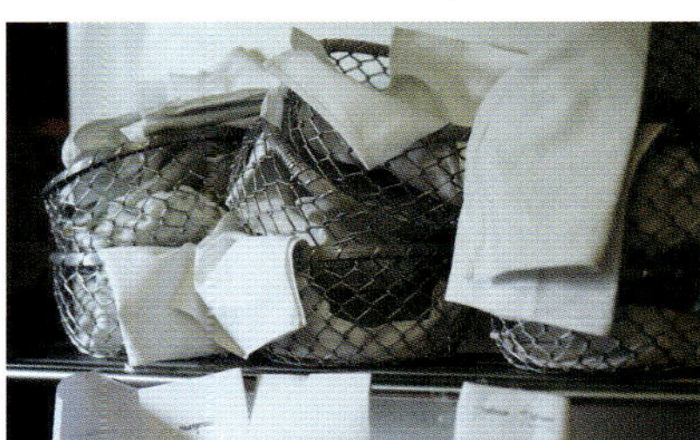

Das Gasthaus Hofmann trägt nicht nur die Hausnummer 1. Es ist auch das erste Haus am Platz.

Holunder-Birnen-Ragout mit Topfensoufflé

Für 4 Portionen

Für das Birnen-Holunder-Ragout: 4 reife Williamsbirnen | 100 g Holunderbeeren | 1 Zimtstange | 2 Gewürznelken | 250 ml trockener Rotwein | 1 EL Zucker | 1–2 TL Speisestärke

Für das Topfensoufflé: 250 g Quark | 120 g Zucker | 20 g Mehl Type 405 | 3 Eier, getrennt | 1 TL Vanillezucker | Salz | abgeriebene Schale von 1 Biozitrone | 280 ml Milch

Außerdem: Butter für die Förmchen | 1–2 EL Puderzucker

■ Die Birnen schälen, vierteln, das Kerngehäuse entfernen und das Fruchtfleisch in kleine Stücke schneiden.
■ Die Holunderbeeren waschen und von den Stielen befreien.
■ Die Birnen und die Holunderbeeren zusammen mit den Gewürzen, dem Rotwein und dem Zucker etwa 5 Minuten köcheln lassen. Mit der Stärke binden.
■ Für das Topfensoufflé den Backofen auf 180 °C vorheizen.
■ Den Quark mit der Hälfte des Zuckers, Mehl, den Eigelben, Vanillezucker, einer Prise Salz, dem Zitronenabrieb und der Milch glatt rühren.
■ Das Eiweiß mit der restlichen Hälfte des Zuckers zu Schnee schlagen und mit dem Schneebesen unter die relativ flüssige Quarkmasse rühren.
■ Kleine Portionsförmchen mit Butter ausstreichen und mit Puderzucker einstäuben.
■ Die Förmchen mit der Quarkmasse füllen und im heißen Ofen 20 Minuten backen.

31

Wirtin mit Krone

Renate Roßkopf
im Gasthof Goldene Krone in Iphofen

Adresse
Gasthof Goldene Krone
Hotel & Weingut
Marktplatz 2
97346 Iphofen
Telefon: +49 9323 87240
Telefax: +49 9323 872424
E-Mail:
kontakt@gasthof-krone-iphofen.de
www.gasthof-krone-iphofen.de

Öffnungszeiten
RESTAURANT
Mi ab 15 Uhr
Fr–Mo 11.00–23.00 Uhr
Di Ruhetag
1.11.–31.03. Mi und Do ab
15.00 Uhr geöffnet

HOTEL
7 Tage die Woche geöffnet
Geschlossen: erste Augusthälfte
und Weihnachten bis 6. Januar

Hinweis
Restaurant und Hotel sind nicht barrierefrei.

Der Gasthof liegt direkt im Herzen des bekannten unterfränkischen Weinortes und hat eine wechselvolle Geschichte hinter sich. Vom »Wilden Mann« wurde er zur »Goldenen Krone«. Gemeinsam mit ihren Eltern führt Renate Roßkopf den Betrieb, der in direkter Linie von der Mutter an die Tochter vererbt wurde.

»Die Männer kümmern sich im Hintergrund, die Frauen stehen an der Front«, sagt Renate Roßkopf, die auch im Service von einem reinen Frauenteam unterstützt wird. Die gelernte Touristikfachfrau und Mutter zweier Töchter ist für den Betrieb verantwortlich, wird aber von Vater und Mutter unterstützt. Vater Georg ist Küchenmeister und passionierter Jäger und sorgt mit eigener Jagd für das Wild, das, neben Fisch, eine große Rolle in der Gasthofküche spielt. Reh, Hirsch und Wildschwein erlegt er im nahen Steigerwald und zerlegt es im eigenen Schlachthaus. Auf der Wildkarte stehen Rehragout, Hacksteak vom heimischen Wild oder Wildschweinsteak. Ganz besondere Wildgerichte gibt es zu besonderen Gelegenheiten, zum Beispiel zur fränkischen Feinschmeckermesse, die alle zwei Jahre in Iphofen stattfindet. Ein kulinarisches Highlight, zu dem in der Goldenen Krone auch mal gegrilltes Wildherz an Burgunder-Quitten-Sauce oder Junghirschleber in Apfel-Calvados-Rahm auf der Karte stehen, stilgerecht serviert in der mit Jagdmotiven ausgemalten Jägerstube. Die feine Küche hat nicht zuletzt Georg Roßkopf aus Kärnten mit nach Unterfranken gebracht, wo der gebürtige Österreicher sich in die fränkische Wirtstochter verliebte. Er kümmert sich auch um das Weingut, das zu dem Gasthof gehört.

Früher einmal war die Krone eine Brauerei und Büttnerei. Als Blick in die Vergangenheit findet alljährlich ein Starkbieranstich statt. »Ein Bierfest mitten im Weinland!«, bemerkt lachend Wirtin Renate, »das hat bei uns genauso Tradition wie die Fischküche.«

Die Goldene Krone steht mitten im malerischen Iphofen.

Die Stühle mit den Holzschnitzereien wurden extra für die Gaststube angefertigt und zeugen einmal mehr von der Leidenschaft des Seniorchefs für die Jagd.

Aus den umliegenden Weihern, den Aischgründer Karpfenteichen, ist der Weg in die Küche für Karpfen und Waller sehr kurz. Dort verwandeln sie sich zu einer delikaten Fischsuppe oder zu Knusperstreifen von Karpfen- und Welsfilet. Fisch und Wild halten sich die Waage auf der Speisekarte. Hervorragende Begleiter sind die süffigen Schoppenweine und die vollmundigen Kabinettweine aus dem Bocksbeutel, immerhin von so ausgezeichneten Lagen wie Iphöfer Kalb oder Iphöfer Julius-Echter-Berg. Um den Ausbau der Weine kümmert sich der Seniorchef persönlich.

Renate Roßkopf würde nicht aus einem Gasthof mit dem Namen Goldene Krone stammen, wenn sie nicht selbst mal eine getragen hätte: 2000 war sie Iphöfer Weinprinzessin. Außerdem hat sie die Ausbildung zur Gästeführerin »Weinerlebnis Franken« absolviert. Sie ist Expertin in Sachen Wein und Franken und hat für ihre Gäste immer den richtigen Tipp.

Viele Hausgäste wissen die Kombination aus schöner Umgebung, gutem Essen und Wein zu schätzen, sie kommen immer wieder gerne in den familiär geführten Betrieb, in dessen Gaststube sich seit den 1960er-Jahren nicht viel geändert hat. In der Goldenen Krone einkehren ist in gewisser Weise auch eine Reise in die Vergangenheit, gleichwohl man Neuem keineswegs abgeneigt ist. Tradition mit Neuem verbinden, das ist das Anliegen von Renate Roßkopf und vor allem auch die familiäre Herzlichkeit aufrechtzuerhalten.

Ausflugstipp: Knauf-Museum in Iphofen

Warum in die Ferne schweifen, wenn das Gute so nah liegt? Um den schwarzen Obelisken Nimrud oder Grabstelen aus dem Tal zu sehen, muss man normalerweise weit reisen. Im Knauf-Museum in Iphofen kann man 205 Repliken, Glanzlichter berühmter Museen, Nachbildungen aus fünf Jahrtausenden und vier Erdteilen besichtigen. Seit 1983 präsentiert das Museum im ehemaligen fürstbischöflichen Rentamt, einem Barockbau von 1693 im Zentrum von Iphofen, eine Reliefsammlung aller großen Kulturepochen. Das Museum ist von März bis November geöffnet, montags geschlossen.
Information über www.knauf-museum.iphofen.de.

Klare Fischsuppe aus Süß- und Salzwasser mit Gemüsestreifen

Für 4 Portionen

Für die Gemüseeinlage: 1–2 Knoblauchzehen | 2 EL Butter | 80 g Lauch | 80 g Karotten | 80 g Staudensellerie | 100 g Zwiebeln | 80 g Fenchel | Salz und schwarzer Pfeffer aus der Mühle

Für die Fischeinlage: 400 g Filets von mindestens 3 verschiedenen Fischsorten (Süß- und Salzwasser) | 8 Garnelenschwänze | 16 Miesmuscheln | 1,5 l Fischbrühe (alternativ gekaufter Fischfond)

Außerdem: einige Dillzweige

■ Zuerst die Fischbrühe ansetzen: Dazu Fischkarkassen von Karpfen, Wels, Forelle, Lachs und Scholle sauber waschen. Anschließend in Pflanzenfett vorsichtig anbraten. Danach das Weiße vom Lauch, in Scheiben geschnitten, 1–2 Stangen Staudensellerie, Fenchel und Zwiebel, alles in Würfel geschnitten, hinzufügen und mitbraten. Mit kalter Gemüsebrühe auffüllen. 1–2 in Scheiben geschnittene Knoblauchzehe(n), 1–2 Lorbeerblätter, 5 Wacholderbeeren, einige schwarze Pfefferkörner und ein paar Dillzweige dazugeben, kurz aufkochen und anschließend etwa 30 Minuten ziehen lassen. Dabei den Eiweißschaum laufend mit einem Schaumlöffel abnehmen, damit die Brühe klar wird.

■ In der Zwischenzeit für die Gemüseeinlage die Knoblauchzehen schälen und fein hacken. Lauch, Karotten und Staudensellerie waschen und in feine Scheiben schneiden. Die Zwiebeln schälen und ebenfalls in feine Scheiben schneiden.

■ Die Butter in einem Topf zerlassen und die Zwiebeln sowie den Knoblauch glasig anschwitzen. Lauch, Karotten und Staudensellerie hinzufügen und mitschwitzen. Mit Salz und Pfeffer würzen.

■ Für die Fischeinlage grätenfreies Fleisch von Wels, Forelle, Lachs, Zander oder Barsch in mundgerechte Stücke schneiden und zu den Gemüsestreifen hinzugeben. Mit abgeseihter Fischbrühe aufgießen und die Fischstücke etwa 10 Minuten ziehen lassen (nicht kochen!). Nochmals fein abschmecken und fein gehackte frische Dillblättchen hinzufügen. Kurz vor dem Anrichten Garnelen und Muscheln einlegen.

■ Die Fischsuppe in tiefen Tellern anrichten und mit einem Dillzweig dekorieren. Dazu Baguette reichen.

Der Süßwasserfisch kommt u. a. frisch aus den fränkischen Aischgründen. Dazu harmoniert hervorragend ein Silvaner. In der Goldenen Krone wird seit 1878 Weinbau betrieben und die Reben gedeihen in Weinlagen wie Iphöfer Kalb, Iphöfer Julius-Echter-Berg und Iphöfer Kronsberg.

Wildteller Hubertus mit Rahmsteinpilzen und Serviettenknödel

Für 4 Portionen

Für die Steinpilze: 1 Zwiebel | 300 g frische Steinpilze (alternativ TK) | 2 EL Butter | Salz und schwarzer Pfeffer aus der Mühle | gemahlener Kümmel | 100 g Sahne | fein gehackte Petersilie

Für die Serviettenknödel: 5 Brötchen (Vortag) | 30 g Butter | 100 g Lauch | 1 Zwiebel | 2 EL Mehl Type 405 | 200 ml Milch | 4 Eier | 4 EL fein gehackte Petersilie | Salz und schwarzer Pfeffer aus der Mühle | 1 EL getrockneter Majoran | einige Liebstöckelstängel

Für das Fleisch: 4 Scheiben Wildschweinrücken, plattiert, à 70 g | 4 Scheiben Rehrücken, vorsichtig plattiert, à 70 g | 4 Scheiben Junghirschsteaks, leicht geklopft, à 60 g | Salz und schwarzer Pfeffer aus der Mühle | 4 dünne Scheiben geräucherter Schweinebauch | Pflanzenfett

Außerdem: 2 Birnen | 1 Zimtstange | Preiselbeerkonfitüre | gedünstetes Gemüse (Blumenkohl, Karotten und Brokkoli)

Die Trophäen stammen vom Seniorchef des Hauses. Seine Leidenschaft für die Jagd prägt die Speisekarte und das ganze Haus. Im Übrigen kam der gebürtige Kärntner auch über die Jagd ins Frankenland.

■ Zur Sauce: Haben Sie Knochen oder Wildfleischparüren? Dann wären diese die beste Basis für eine vortreffliche Sauce. Dazu Knochen und Wildfleischparüren in etwas Rapsöl anrösten, 1 in kleine Stücke geschnittene Zwiebel, ein Stück Knollensellerie, 1–2 geschälte Karotten und Lauch hinzufügen und mitrösten. Sobald Knochen und Röstgemüse braun werden, 1 EL Zucker und 1 EL Mehl dazugeben und vorsichtig mitrösten. Mit etwa 1 l Gemüsebrühe aufgießen. 1 EL Preiselbeeren, etwa 250 ml Rotwein hinzufügen, 10 Wacholderbeeren, 10 schwarze Pfefferkörner, 3 Rosmarinzweige, 5 Lorbeerblätter, 5 Nelken und 1 geschälte Knoblauchzehe hinzufügen und 30 Minuten köcheln lassen. Zum Schluss die Brühe abseihen und mit Salz und Pfeffer abschmecken. Die Alternative: Wildfond aus dem Glas.

■ Für die Steinpilze die Zwiebel schälen und fein hacken. Die Steinpilze putzen und in feine Scheiben schneiden. Die Butter in einer weiten Pfanne zerlassen und die Zwiebeln glasig und weich anschwitzen. Die Pilze hinzufügen und vorsichtig braten, bis sie weich werden. Mit Salz, Pfeffer und Kümmel würzen. Die Sahne angießen und kurz aufkochen lassen. Petersilie einstreuen.

■ Für die Knödel die Brötchen in Würfel schneiden. 1 Esslöffel Butter in einer Pfanne zerlassen und die Brötchenwürfel anrösten. Den Lauch waschen und fein schneiden. Die Zwiebel schälen und fein hacken. Die restliche Butter in einer zweiten Pfanne zerlassen und Lauch sowie Zwiebeln anschwitzen. Brötchen, Lauch und Zwiebeln in eine Schüssel geben, mit dem Mehl bestäuben, Milch, Eier, Petersilie, Salz, Pfeffer und Majoran hinzufügen und das Ganze gut durchkneten. Die Masse in eine nasse Serviette geben und länglich formen. Reichlich Salzwasser in einem Topf zum Kochen bringen, Liebstöckelstängel dazugeben, die Hitze reduzieren und die Serviette an einem Holzlöffel in das siedende Wasser hängen. 20 Minuten ziehen lassen. Zum Schluss die Serviette herausnehmen und die Knödelrolle in Scheiben schneiden.

■ In der Zwischenzeit die Fleischscheiben mit wenig Salz und Pfeffer würzen. Die Junghirschsteaks mit den Speckscheiben umwickeln. Das Pflanzenfett in einer Pfanne erhitzen und die Medaillons nacheinander auf beiden Seiten anbraten. Die Wildschwein- und Rehmedaillons sollten medium und die Wildschweinsteaks rosa gebraten werden.

■ Zum Anrichten ein wenig Sauce als Spiegel auf den Teller geben und die Wildmedaillons darauf anrichten. Mit den Rahmsteinpilzen und Knödelscheiben umlegen. Einige Scheiben von gedünsteten Karotten und Röschen von Blumenkohl und Brokkoli (je nach Jahreszeit kann auch anderes Gemüse verwendet werden) als Farbtupfer dazulegen und zusammen mit einer Preiselbeerbirne servieren. Dazu geschälte und vom Kerngehäuse befreite Birnenhälften in ein wenig Wasser zusammen mit einer Zimtstange etwa 1 Minute kochen. Die Birnenhälften mit Preiselbeeren getrennt zum Gericht reichen.

Zu Wild trinkt man in Iphofen gerne einen kräftigen trockenen Acolon oder Spätburgunder, vorzugsweise im Barrique gereift. Acolon ist eine sehr junge, aber edle Rebe, die aus einer Kreuzung von Lemberger und Dornfelder hervorgegangen ist.

32

Das »Burgfräulein« von Eysölden

Veronika Schiele
im Schloss Eysölden in Eysölden

Ein Schloss, so reizvoll der Traum davon sein mag, ist kein leichtes Erbe. Umso mutiger von Veronika Schiele, das Erbe der Mutter anzunehmen und nach eigenen Vorstellungen fortzuführen: Gastlichkeit im Schloss mit feiner Küche, aber begrenzten Öffnungszeiten.

In Frauenhänden ist das Schloss im mittelfränkischen Landkreis Roth seit 1972. Die Anfänge liegen eher im Dunkeln. Urkundlich erwähnt wird die Anlage in der Ortsmitte erstmals im 12. Jahrhundert. Doch waren es zuvor wohl die Herren von Stein, die hier einen Verwandten mit einer Sölde oder auch Selde betrauten, einen Söldner. Dessen Aufgabe war es, die Hilpoltsteiner Herren bei ihren Jagdausflügen unentgeltlich zu beherbergen und zu bewirten. Um diese »Sölde« herum entstand der Ort Eysölden. Später residierten Markgrafen in dem Schloss, doch die Zeit adliger Herren in der spätgotischen Flügelanlage endete bereits im 17. Jahrhundert. Von da an wechselten sich bäuerliche Besitzer ab, 1685 erhielten sie die Taferngerechtigkeit. Seither fließt hier Bier und werden Gäste beherbergt.

Die Eysöldener belächelten Gesine Schiele, als sie 1972 das Schloss in ihrer Ortsmitte erwarb. Der Gemeinderat war zuvor schon daran gescheitert, denn es wäre zu teuer gekommen, das Gebäude als Gemeindezentrum herzurichten. Die neue Schlossherrin schreckte vor nichts zurück, weder vor Kosten, aber vor allem nicht vor Mühen und eröffnete am 29. Dezember 1973 die Schlossschänke.

Die Kreativität der Mutter ist immer noch zu spüren in den Räumen, die zum Teil in mühevoller Kleinarbeit restauriert und liebevoll eingerichtet und dekoriert sind. Obwohl das Schloss in beklagenswertem Zustand gewesen sein muss und auch keine wertvollen

Adresse
Schlossschänke
Eysölden 67
91177 Thalmässing
Telefon: +49 9173 537
E-Mail:
schlossschaenke@yahoo.de
www.schloss-eysoelden.de

Öffnungszeiten
Freitags bei »Bier ab 4« (ab 16.00 Uhr) für gesellige Runden. Jeden ersten So im Monat ab 11.00 Uhr für Mittagstisch und anschließend Kuchen & Torten. Auf Vorbestellung jederzeit auch außerhalb dieser Zeiten mit vorheriger Terminabsprache ab Gruppen mit zehn Personen.

Hinweis
Das Schloss ist nicht barrierefrei.

Die Schloss ist eine spätgotische Vierflügelanlage. Die Mutter der jetzigen Schlossherrin, Gesine Schiele, rettete das alte Gemäuer vor dem Verfall.

Im romantischen Schlosshof finden sommers wie winters Veranstaltungen statt: Garten- und Weihnachtsmärkte, Hochzeiten und Geburtstagsfeiern. Im Sommer gibt es »Bier ab vier« am Freitagnachmittag – ebenfalls im Schlosshof.

Möbel mehr enthielt, hat es Gesine Schiele in beeindruckender Weise geschafft, dem alten Gemäuer Stil und Charme zu verleihen: von der Gaststube bis zu den Fremdenzimmern.

Den Lebenstraum der Mutter führt seit 2011 Tochter Veronika weiter. Zum Glück ist sie vom Fach und an die Privilegien, aber auch an die Schwierigkeiten des Schlosslebens gewöhnt. Schließlich ist die gelernte Hotelfachfrau hier aufgewachsen. Dass es zum Beispiel in dem alten Gemäuer verschiedene »Klimazonen« gibt, wie es die Hausherrin lächelnd beschreibt, damit kann sie umgehen. Im Winter ist die Stube gemütlich warm, der Rest des Gebäudes jedoch ziemlich, um nicht zu sagen eiskalt. Die Kosten, das ganze Gebäude zu heizen, wären unvorstellbar hoch, abgesehen davon, dass es nahezu unmöglich ist, eine Zentralheizung einzubauen, ohne den Charakter des Schlosses zu zerstören.

Dass hier kein Großinvestor am Werk war, macht unter anderem den Charme des Hauses aus. Früher, erinnern sich Eysöldener, ging es manchmal hoch her in der Schlossschänke, die damals ein richtiges Dorfwirtshaus war. Veronika Schiele hat die Öffnungszeiten reduziert und konzentriert sich mehr auf Veranstaltungen in den wunderschönen Räumen, zu denen neben der Schänke auch ein Saal und im Sommer vor allem der Schlosshof zählen. Doch bleiben die Eysöldener und andere Gäste nicht außen vor. Jeden Freitag gibt es in der Schlossschänke »Bier ab vier« mit einfachen Brotzeiten und jeden ersten Sonntag im Monat ist die Schänke ebenfalls geöffnet. Dann wird aufgekocht in der Schlossküche: Altmühltaler Lamm, Wildgerichte, feine Salate mit Ziegenkäse oder Forelle, Spinatspätzle, Gemüsestrudel ... Kaffee und Kuchen sind dazu im Angebot, alles frisch zubereitet mit lokalen Produkten.

Veronika Schiele hat einen kleinen Pool hervorragender Köche, die zu verschiedenen Gelegenheiten die Gäste verwöhnen. Rund ums Jahr finden im Schloss Veranstaltungen statt: Lesungen, Konzerte und Märchennachmittage sowie Grillfeste im Schlosshof. Darüber, was die Schlossherrin plant, informiert die handgeschriebene Schlosspost. Aber auch ein Blick auf die Homepage lohnt sich, denn Veronika Schiele gehen die Ideen nicht aus und was ihr spontan einfällt, erfährt man nur dort.

Ausflugstipp

Nur etwa zwölf Kilometer vom Schloss entfernt liegt der Rothsee, ein beliebtes Naherholungsziel. Der See entstand im Zuge der Wasserausgleichsmaßnahmen zwischen dem Main-Donau- und dem Rhein-Main-Gebiet. Jedoch ganz abgesehen von dieser Bedeutung bietet der See vielfältige Freizeitmöglichkeiten: vom weltberühmten Triathlon über Badestrände bis hin zu einem Fischlehrpfad und einer Umweltstation, die vom Landesbund für Vogelschutz betrieben wird und die über die spannende Tier- und Pflanzenwelt am Rothsee informiert. Radeln, wandern, schwimmen, segeln und surfen, auch Besichtigungen von Burgen und Schlössern sind in unmittelbarer Umgebung des Rothsees möglich.
Weitere Information über www.rothsee.de.

Grünkernküchle mit Kräuterdip

Kräuter spielen in der Schlossküche eine große Rolle. Auch Kräuterwanderungen werden ab und zu angeboten und finden ihr kulinarisches Finale im Schloss.

Für 10 Portionen

Für die Küchle: 420 g Grünkernschrot | 840 ml Gemüsebrühe | 1 Bund Lauchzwiebeln | 3 Eier | 3 Knoblauchzehen, geschält und fein gehackt | 1 Karotte, geschält und geraspelt | 200 g frisch geriebener Emmentaler | fein gehackte Petersilie | Salz und schwarzer Pfeffer aus der Mühle | frisch geriebene Muskatnuss | Sonnenblumenöl

Für den Kräuterdip: 200 g türkischer Joghurt (10 %; Süzme) | Zitronensaft | frische Kräuter nach Belieben, z. B. Petersilie, Schnittlauch, Estragon, Minze u. a. | Salz und schwarzer Pfeffer aus der Mühle | natives Olivenöl extra

- Den Grünkernschrot trocken in einem Topf anrösten und mit der Gemüsebrühe auffüllen. 10 Minuten köcheln lassen. Anschließend 20 Minuten ausquellen und abkühlen lassen.
- Die Frühlingszwiebeln putzen, waschen und in feine Scheiben schneiden. Eier, Frühlingszwiebeln, Knoblauch, Karotten, Käse und Petersilie mit der Grünkernmasse vermengen, mit Salz, Pfeffer und Muskat abschmecken und Küchle daraus formen.
- Sonnenblumenöl in einer Pfanne erhitzen und die Küchle auf beiden Seiten knusprig braten. Herausnehmen und auf Küchenpapier abtropfen lassen.
- Für den Dip die genannten Zutaten miteinander vermengen und abschmecken.

Die Kreativität gilt es nicht nur in der Schlossküche zu entdecken. Kacheln, Wände, Kissen und Tischläufer stammen noch von der ehemaligen Schlossherrin, die vieles davon selbst von Hand gestaltete.

Ratatouille

Für 10 kleine Portionen

250 g Auberginen | 250 g Zucchini | 250 g Paprikaschoten | 250 g Tomaten | 250 g Zwiebeln | 6 EL natives Olivenöl | 2–6 Knoblauchzehen, geschält und in Scheiben geschnitten | Thymian | Rosmarin | Salz und schwarzer Pfeffer aus der Mühle | Zitronensaft | fein gehackte Petersilie

■ Die Auberginen, Zucchini und Paprikaschoten putzen und waschen, von den Paprika die Scheidewände und die Kerne entfernen und alles in grobe Würfel schneiden. Die Tomaten waschen, den Stielansatz entfernen und das Fruchtfleisch in grobe Würfel schneiden. Die Zwiebeln schälen und in grobe Würfel schneiden.
■ Das Olivenöl in einem breiten, hohen Topf erhitzen und die Auberginen anbraten. Die Zwiebeln und die Knoblauchscheiben hinzufügen und etwa 5 Minuten mitanschwitzen. Die Paprikawürfel mit Thymian, Rosmarin, Salz und Pfeffer dazugeben und 10 Minuten schmoren. Die Zucchini hinzufügen und weitere 10 Minuten dünsten. Nun die Tomaten dazugeben, nochmals mit den Gewürzen abschmecken und ohne Deckel 20–25 Minuten schmoren. Zum Schluss mit Zitronensaft abschmecken. Mit Petersilie bestreuen.

Karottensalat

Für 10 kleine Portionen

1 kg Karotten, geschält und geraspelt | 2 Äpfel, geschält und geraspelt | Salz und schwarzer Pfeffer aus der Mühle | Zucker | 3 EL Zitronensaft | Sonnenblumenöl | gehackte Nüsse oder Kerne nach Belieben

■ Karotten und Äpfel mit Salz, Pfeffer, Zucker, Zitronensaft und einem Schuss Sonnenblumenöl vermengen und nach Belieben mit gehackten Nüssen oder Kernen verfeinern.

Gebrannte Quarkcreme mit frischen Beeren

Für 5 Crème-brûlée-Förmchen

1 Eigelb | 35 g Zucker | 1 Prise Vanillezucker | Rum | 1 Blatt Gelatine, in kaltem Wasser eingeweicht | 125 g Quark (40 %) | 1 Eiweiß | 80 g geschlagene Sahne | brauner Zucker | 200 g gemischte Beeren (z. B. Johannisbeeren, Brombeeren, Himbeeren) | 1 Handvoll Heidelbeeren | 50 g Himbeeren und Erdbeeren, gemischt

- Eigelb, 20 g Zucker, Vanillezucker und Rum über einem heißen Wasserbad schaumig schlagen. Die ausgedrückte Gelatine hinzufügen. Den Quark in die Eigelbmasse rühren und kalt schlagen.
- Das Eiweiß zusammen mit dem restlichen Zucker zu Schnee schlagen. Nacheinander den Eischnee und die Sahne unter die Quarkmasse heben. Die Creme in Förmchen füllen und mindestens 3 Stunden kühl stellen.
- Vor dem Servieren mit braunem Zucker bestreuen und mit dem Bunsenbrenner abflämmen.
- Die Beeren waschen und trocken tupfen. Zucker (Menge nach Belieben) karamellisieren und die Heidelbeeren hinzufügen. So lange rühren, bis sich der Zucker aufgelöst hat. Die restlichen Beeren mit dieser Fruchtsauce marinieren. In einen Topf geben und einmal aufkochen lassen.
- Zum Servieren die Creme aus den Förmchen lösen und zusammen mit der Beerensauce anrichten. Nach Belieben dekorieren.

In der Küche holt sich Veronika Schiele Unterstützung von Spitzenköchen. Daher gibt es in der Schlossschänke immer wieder überraschende Menüs.

33

G'scheit fränkisch

Susanne Wanya
im Gasthof zum Storch in Prichsenstadt

Der Storch in dem fränkischen Fachwerk- und Barockstädtchen Prichsenstadt ist eine Art Mosaik. Viele Familienmitglieder tragen zum Gesamtbild des Bilderbuchgasthofs bei, aber die Zügel hält Wirtin Susanne Wanya in der Hand, die schon als Kind gerne auf dem Kutschbock saß.

Gerade war sie doch noch im Service, gleich darauf ist sie schon wieder an der Theke. In der Zwischenzeit wuselt sie in der Küche und führt nebenbei ein paar Telefonate. Susanne Wanya ist immer und überall gleichzeitig. Sie bespricht mit den Köchen das Menü, gibt ihren Gästen Ausflugstipps und sorgt mit viel Liebe zum Detail dafür, dass Gaststube und Zimmer Wärme und Wohlbehagen ausstrahlen.

Der Storch ist eine Institution: 1658 erstmals urkundlich erwähnt, ein Vierseithof, in dem Viehhändler genauso Unterkunft fanden wie adlige Häupter. Die mit dunklem Holz getäfelte Prinzregentenstube hat ihren Namen nicht von ungefähr: Prinzregent Luitpold logierte anno 1878 anlässlich eines Manövers in dem fränkischen Gasthof. Dort fühlte sich der volkstümliche Monarch so wohl, dass er die Urgroßeltern der heutigen Wirtin nicht nur in die Landeshauptstadt einlud, sondern ihnen auch sein Porträt verehrte, das bis heute die Gaststube schmückt. Allerdings war die Prinzregentenstube seinerzeit noch das Schlafzimmer der Wirtsleute und die heutige Holzvertäfelung stammt aus einer Weinstube in Schweinfurt. Zwölf Jahre haben sie darauf gewartet, erzählt Susanne Wanya, bis die wertvollen Paneele in den Storchen wandern konnten. Auch die »Lüsterweibchen«, die über den Köpfen der Gäste in der gemütlichen Stube nebenan schweben, haben schon viel gesehen. Die Renaissancefiguren an den Leuchtern sind wertvolle Sammlerstücke. Überhaupt gibt es viel zu entdecken im Storchen. Gasträume und Zimmer sind mit Antiquitäten ausgestattet,

Adresse
Gasthof & Weingut zum Storch
Luitpoldstraße 5–7
97357 Prichsenstadt
Telefon: +49 9383 6587
Fax: +49 9383 6717
E-Mail: info@gasthof-storch.de
www.gasthof-storch.de

Öffnungszeiten
Mi–So 11.00–23.00 Uhr
Mo und Di Ruhetag

Hinweis
Das Restaurant ist barrierefrei. Die Stuben, der Innenhof und der Parkplatz sind ebenerdig erreichbar. Die Sanitärräume für die weiblichen Gäste verfügen über ein behindertengerechtes WC.

Der Traditionsgasthof liegt in der westlichen Vorstadt zwischen dem inneren Torturm und dem westlichen Vorstadttor, umgeben von historischen Fachwerkhäusern.

Der Innenhof ist im Sommer das »Wohnzimmer« des Gasthofes, tagsüber quirlig laut, am Abend oft romantisch mit Kerzen beleuchtet, ein Ort zum Verweilen und um gute Gespräche zu führen.

um die sich die Wirtin, aber auch Vater Wanya kümmern, der selbst seit frühester Jugend Kutschen sammelt. Fragen Sie ihn, er wird Ihnen gerne einen Blick in seine Remise gestatten, in der 35 herrlich nostalgische Gefährte stehen.

Pferde und Pferdehandel haben eine lange Tradition in Prichsenstadt. Die Kutscher und Händler kehrten früher in dem Gasthof ein, der eigentlich schon zu Zeiten von Susanne Wanyas Großmutter eine Weiberwirtschaft war. Die Wirtsfamilie Geissendörfer hatte fünf Töchter, ein »Fünfmäderlhaus« sozusagen, und die kümmerten sich um die Gastwirtschaft, während der eingeheiratete Wanya, ein Donauschwabe, seine eigenen Geschäfte mit Kohleabbau betrieb. Früher gehörte zum Storch die größte Brauerei des Ortes, heute betreibt Johannes, der Bruder von Susanne Wanya ein kleines Weingut. Er hat ein gutes Händchen für den Ausbau der auf Muschelkalkböden um Prichsenstadt gedeihenden Weine, die er zum Teil mit kräftigeren Sorten von den Keuperböden aus dem nahe gelegenen Iphofen zu gelungenen Cuvées verabeitet.

Die Gutsweine munden hervorragend zu den fränkischen Spezialitäten. Der Silvaner Prinzregentenschoppen harmoniert besonders gut zu den frischen Forellen, die zum Teil noch leben, wenn der Gast sie bestellt, auch zu den Karpfen aus den umliegenden Weihern. Aus der Umgebung kommen auch Bachsaibling, Hecht, Zander und Waller. Überhaupt ist fast alles nachvollziehbar, was im Storch serviert wird, denn die Lieferanten von Gemüse, Fleisch und anderen Lebensmitteln sind auf der Speisekarte dokumentiert. Klassiker wie Schäufele, Rouladen, fränkischer Sauerbraten mit Kloß und – ganz wichtig – »Lebkuchen in der Soß'« sowie Tafelspitz mit Meerrettich sind rund ums Jahr auf der Speisekarte. Wer allerdings Ausgefallenes wie Herz süßsauer, Beuscherl (saures Züngerl) oder »Schniggerli«, wie die Kutteln in Franken heißen, sucht, dem sei der Februar empfohlen. In diesem Monat wird im Storch gekocht »wie zu Omas Zeiten«, zum Teil noch nach den Originalrezepten der Großmutter. Dann gibt es auch die legendären Kartäuserklöße mit Weinschaumsauce.

Im Frühjahr ist Spargelzeit und im Sommer stehen viele leichtere Gerichte auf der Karte, die man dann am besten im lauschigen Innenhof genießt. Auch hier ist wieder Susanne Wanyas Leidenschaft für die schönen Dinge zu spüren. Nicht umsonst hat die gelernte Hotelfachfrau ihre Lehr- und Wanderjahre vorwiegend in Romantikhotels verbracht. Ihr Credo könnte man so zusammenfassen: traditionsbewusst, aber anderen immer eine Nasenlänge voraus. Und das Wichtigste ist, dass es »schöö'« ist, wie sie in ihrem liebenswerten fränkischen Dialekt sagt.

Ausflugstipp

Der beste Adresse für einen Ausflugstipp ist die Wirtin. Susanne Wanya hat bei jedem Wetter, zu jeder Jahreszeit und für alle Interessen eine Empfehlung bereit. Wenn sie Gast in Prichsenstadt wäre, sagt sie, möchte sie einen Geheimtipp, der nicht weit weg führt und am besten zu Fuß zu erreichen ist. Deshalb ist ihr Lieblingstipp bei schönem Wetter eine kleine Wanderung zum Schloss Kirchschönbach, einem ländlichen Schloss mit einem englischen Rosengarten. Susanne Wanya gerät gleich ins Schwärmen, wenn sie davon erzählt, so wildromantisch, verwunschen und verträumt sind Schloss und Garten. An manchen Sommersonntagen schenkt der Storch dort Secco und jungen Weißwein aus – ein Grund mehr, die zweieinhalb Kilometer dorthin zu spazieren.

Antiquitäten waren schon eine Leidenschaft des Seniorchefs und Susanne Wanya hat sie geerbt. Die Lüsterweibchen, wie sie die Wirtsstube zieren, wurden häufig schon im späten Mittelalter von Künstlern der Region geschaffen. Auch Tilman Riemenschneider schuf einige schöne Exemplare.

Bachsaibling, Hecht, Zander, Waller – Fisch hat Tradition im Storchen. Er stammt aus Teichen der Umgebung. Natürlich gibt es Fisch hauptsächlich in den Wintermonaten, in den Monaten mit r.

Kross gebratenes heimisches Bachsaiblingsfilet auf Frühlingsgemüse mit Petersilienkartoffeln

Für 4 Portionen

500 g kleine vorwiegend festkochende Kartoffeln | 1 Bund Petersilie | 1 Fenchelknolle | 1 Staudensellerie | 1 Karotte | 1 Kohlrabi | Salz und schwarzer Pfeffer aus der Mühle | einige Thymianzweige | 8 Bachsaiblingsfilets à 100 g | 1 Knoblauchzehe

Außerdem: natives Olivenöl | Butter

- Die Kartoffeln schälen und in Salzwasser weich kochen.
- Die Petersilie waschen und trocken schütteln. Die Blätter von den Stängeln zupfen und fein hacken.
- Fenchel, die Selleriestangen (ohne Blätter!), Karotte und Kohlrabi putzen, ggf. schälen und waschen. Anschließend in gleich große Stücke schneiden.
- Ein wenig Olivenöl in einem breiten Topf erhitzen und das Gemüse anbraten. Mit Salz und Pfeffer würzen und 1–2 Thymianzweige einlegen.
- Den Topf zudecken, die Hitze reduzieren und das Gemüse im eigenen Saft schmoren lassen. Hin und wieder umrühren, damit es nicht ansetzt.

■ Die Bachsaiblingsfilets mit Salz und Pfeffer würzen und nur auf der Hautseite mehlieren. Ein wenig Olivenöl in einer Pfanne erhitzen und die Fischfilets auf der Hautseite etwa 2 Minuten kross braten. Die Filets wenden, 1–2 Thymianzweige und die geschälte und angedrückte Knoblauchzehe hinzufügen und weitere 3 Minuten braten. Zum Schluss ein Stück Butter dazugeben und schmelzen lassen.
■ Ein wenig Butter in einer Pfanne zerlassen und die Kartoffeln darin schwenken. Die Petersilie einstreuen und mit Salz und Pfeffer abschmecken.
■ Das Gemüse und die Kartoffeln auf den Tellern anrichten und jeweils zwei Fischfilets, auch zerteilt, darauflegen. Mit Thymian dekorieren.

Kartäuser Klöß' mit Rieslaner Weinschaum

Für 4 Portionen
4 Kipf (Brötchen/Semmeln) vom Vortag | ½ Vanilleschote | 500 ml Milch | 7 Eier | 2 EL Butter oder Butterschmalz | 2 EL Zucker | 5 EL Weißwein (Rieslaner Spätlese, Eigenbauwein aus der Lage Prichsenstädter Krone) | 1 große Tasse Zimtzucker

■ Die Rinde von den Kipf abraspeln und diese beiseitestellen.
■ Die Vanilleschote längs halbieren, das Mark herauskratzen und in die Milch geben.
■ Die Kipf mindestens 30 Minuten in der Vanillemilch einweichen (je länger umso besser). Anschließend die Kipf ein wenig ausdrücken und in drei Eiern und den Böseln von der Kipfrinde panieren. Die Butter oder das Butterschmalz in einer Pfanne zerlassen und die Kipf langsam ausbacken.
■ In der Zwischenzeit mit den restlichen vier Eiern den Weinschaum herstellen. Dazu die Eier trennen. Die Eigelbe, Zucker und den Weißwein über einem Wasserbad schaumig schlagen.
■ Sobald die Kipf = Kartäuser Klöß' die gewünschte goldbraune Farbe haben, aus der Pfanne nehmen und auf Küchenpapier abtropfen lassen. In Zimtzucker wenden.
■ Den Weinschaum in einen tiefen Teller geben und die Klöß' einlegen.

Kartäuser Klöß': ein geniales Essen sparsamer Hausfrauen. Diese Lieblingsspeise von Susanne Wanya wird aus altem Brot hergestellt. Dabei müssen die alten Semmeln völlig durchtränkt sein von der Vanillemilch.

Rezeptregister

In dieser Buchreihe bereits erschienen

Fränkische Weiberwirtschaften
Text: Heidrun Gehrke, Fotos: Angela Francisca Endress
Konzeption: Ria Lottermoser

ISBN 978-3-7750-0670-5

Weiberwirtschaften Baden-Württemberg
Text & Fotos: Regula Wolf
herausgegeben von
Ria Lottermoser

ISBN 978-3-7750-0669-9

Weiberwirtschaften Rheinland-Pfalz
Text: Christa Aubel und Barbara Feyerabend, Fotos: Angela Francisca Endress

ISBN 978-3-7750-0757-3

Hessische Weiberwirtschaften
Text: Barbara Goerlich
Fotos: Angela Francisca Endress

ISBN 978-3-7750-0648-4

Südtiroler Weiberwirtschaften
Text: Elisabeth Augustin
Fotos: Anneliese Kompatscher
Konzeption: Ria Lottermoser

ISBN 978-3-7750-0649-1

Neue Rezeptideen und weitere Infos rund um unser Buchprogramm finden Sie unter *www.haedecke-verlag.de* und *www.mizzis-kuechenblock.de*! Oder einfach anfordern bei Hädecke Verlag GmbH & Co. KG Postfach 1203 D-71256 Weil der Stadt.

Die Autorin
Hannelore Fisgus ist Rundfunkjournalistin, begeisterte Hobbyköchin und Reisefachfrau. Sie ist langjährige Mitarbeiterin des Bayerischen Rundfunks und Autorin von kulinarischen Reiseführern.

Die Fotografinnen
Barbara Lutterbeck ist Inhaberin eines Fotostudios in Köln und fotografiert neben ihrem Spezialgebiet Food mit Vorliebe »on location« und auf Reisen. Sie sammelte Erfahrungen in wichtigen Londoner Studios und fotografiert für internationale Auftraggeber aus der Industrie sowie für Buch- und Zeitschriftenverlage.

Nanni Schiffl-Deiler ist Künstlerin und arbeitet mit Mitteln der Fotografie und der filmischen Dokumentation. Ihre Arbeiten werden im In- und Ausland ausgestellt. Sie fotografiert für internationale kulturelle Institutionen und Auftraggeber aus der Industrie sowie für Buch- und Zeitschriftenverlage.

Die Herausgeberin
Ria Lottermoser arbeitet nach jahrzehntelanger Tätigkeit als Lektorin, Cheflektorin und Verlagsleiterin in renommierten Verlagen heute als freie Büchermacherin. Ihr besonderes Anliegen gilt kulinarischen Themen.

ISBN 978-3-7750-0750-4
aktualisierte und erweiterte Neuausgabe

D-71263 Weil der Stadt
www.hädecke.de
4 3 2 1 · 2019 2018 2017 2016

Idee, Konzept, Realisation: Ria Lottermoser
Lektorat: Ria Lottermoser und Hädecke-Team
Visuelle Gesamtkonzeption:
www.buero-jorge-schmidt.de
Layout und Satz: BUCHFLINK Rüdiger Wagner, Nördlingen
Gesetzt in der Helvetica und Rotation
Titelbild: mauritius images / Peter von Felbert
Kartographie: Bayern Tourismus Marketing GmbH – www.bayern.by

Printed in EU 2016

Bildnachweis
22 Carolin Kratz; 24, 26 Hannelore Fisgus; 128 Thorsten Eckardt; 39, 40 Klaus-Maria Einwanger; 49–51 Anna-Lena Zintel.
Fotos für die Kapitel Nr. 5, 8, 16, 17, 19, 20, 21, 22, 28, 31, 32 und 33: Nanni Schiffl-Deiler. Alle übrigen Fotos: Barbara Lutterbeck.